배교의 시대에 예수바라기,
히브리서

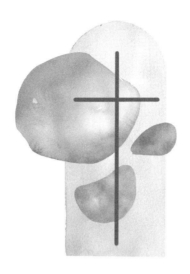

배교의 시대에 예수바라기,
히브리서

민종기 박일룡 신웅길 이상명 지음
미주장로회신학대학교 엮음

동연

추 천 의 글

신약성경의 다른 책보다 어렵게 여겨지는 히브리서를 설교처럼 쉽게 풀어 쓴 책이 나왔습니다. 나성Los Angeles에서 활동하는 성서신학자들과 목회자들이 함께 히브리서를 간명하고 깊이 있게 주석한 책입니다.

이 책은 다소 난해하게 여겨지는 히브리서 내용을 독자들에게 보다 친근하게 전합니다.

사실 히브리서는 대제사장이신 예수님의 십자가 속죄 제사의 뜻을 구약성경의 속죄 제사의 전통과 대비하여 설명한, 신학적으로 장엄한 책입니다. 동시에 믿음으로 산다는 것이 어떠한 것인지를 먼저 간 선진들을 열거하며 우리에게 교훈합니다. 우리로 하여금 예루살렘 성문 밖에서 속죄 제물로 십자가에 달려 죽으시고 살아나신 온전한 대제사장이신 예수님을 바라보게 하고 예수님처럼 성문 밖으로 나가 구속적 삶을 살라 독려하는 귀중한 말씀입니다. 성문 밖은 권력의 주변부, 빈자들의 동네, 일상의 생존이 긴박한 사람들의 지역을 이름입니다. 현대 교회가 본질을 회복하기 위해 경청해야만 하는 귀한 교훈과 지혜로 가득합니다.

『배교의 시대에 예수바라기, 히브리서』라는 책 제목대로 이 책은 히브리서가 가르치는 온전한 믿음의 이해와 그 믿음을 따라 예수바라기로 살아가는 참 도리를 조리 있게 설명하고 있습니다. 히

추천의 글 | 5

브리서를 바르게 읽고 이해하는 데 큰 도움이 됩니다. 현대의 영적 낙심자들과 방랑자들을 위로하고 격려할 뿐 아니라 그들을 견책하고 교훈하고 바른길로 인도하는 책이기도 합니다. 이 시대에 필요한 책을 쓴 저자들의 수고에 감사하며 많은 이들이 읽고 거룩한 깨달음과 결의를 다지는 은혜가 있기를 바랍니다.

서정운 ｜ 전 미주장로회신학대학교 총장, 한국 장로회신학대학교 명예총장
『우리는 모두 이야기로 남는다』,『단순한 선교 — 교회와 목회 그리고 선교와 디아스포라』,『하나님나라와 선교』의 저자

추 천 의 글

우리가 살고 있는 시대는 그 어느 때보다 정체성을 묻는 시대입니다. 그리스도인이 누구이며, 어떻게 사는 사람인지, 교회가 무엇이며 왜 존재하는지 답하도록 안팎으로 요구받고 있습니다.

이 책은 그리스도인의 정체성이 어디서 비롯되며 그리스도인은 무엇으로 이 땅을 살아가는 사람인지 히브리서 공부를 통해서 탁월하게 드러내 줍니다. 설교자뿐만 아니라 성경을 날마다 묵상하며 일상을 살아가는 성도들이 크게 유익을 받을 책이라 믿습니다. 마음으로 추천합니다.

강영안 | 서강대 명예교수, 미국 칼빈신학교 철학신학 교수

추 천 의 글

함석헌 선생은 「성서조선」에 연재한 『성서적 입장에서 본 조선 역사』를 책으로 내면서 영어 제목을 *Queen of Suffering*이라 하여 한 민족의 역사를 고난의 역사로 표현한다. 히브리서는 이러한 고난의 극복을 추구하는 한국 그리스도인 모두가 자주 읽을 책일 테다. 특히 포스트모던 시대에 사는 우리 모두는 세속화의 영향으로 타협을 요청받는 사회 분위기를 경험하며, '우리가 어떻게 믿고 행동하여야 하는가'에 대한 깊은 고민을 하게 된다. 이번에 출간되는 『배교의 시대에 예수바라기, 히브리서』는 이런 고민을 안고 살아가는 독자들에게 히브리서의 보다 깊은 이해에 근거해 믿음의 온전함으로 나아갈 지표를 제공해 주고 있기에 이 책의 발간은 크게 환영할 만하다.

네 명의 저자들은 목회자로서 그리고 성서신학자로서 각자 나름대로 독특한 해석을 하지만 서로 조화를 이루어 히브리서를 전체적으로 쉽게 이해할 수 있도록 독자들을 이끈다. 특히 저자들은 히브리서가 전하고자 하는 복음의 의미를 대제사장인 예수 그리스도의 성품과 사역을 중심으로 다루면서 소망의 확실성과 함께 고난과 불신과 타협을 극복하는 온전한 삶에 대해 명료하게 제시한다. 나아가 성서적 해석의 탁월성과 함께 히브리서의 가르침에 근거해 현상황에 적용할 수 있는 신앙의 실제적 지침도 독자들에게 제공한다. 주석가 윌리엄 레인[William L. Lane]은 "히브리서의 핵심적 중요성은 하나님의 말씀과 그것이 선포되는 행동 가운데 있는 하나님의 음성을 듣는 것"이라고 하였는데, 바로 이 책의 저자들은 우리에게 이러한 하나님의 음성을 듣고 행동으로 옮길 수 있도록 우리에게 신앙의 좌표를 제공해 준다.

이 책은 히브리서 본문으로 설교 준비를 하는 목회자나 히브리서를 깊이 있게 연구하려는 신학도는 물론 고난과 불신을 극복하고 믿음의 온전함을 추구하는 모든 성도에게 필독서로 추천하는 바이다.

김창환 ┃ 풀러신학대학원 교수 겸 코리안센터 학장
『공공신학과 교회』와 공저『세계 기독교 동향』의 저자

추 천 의 글

1935년과 1936년에 웨스트민스터의 존 그레샴 메이첸John Gresham Machen 교수가 주일 오후에 라디오 방송에서 강연한 것이 최근에 *Things Unseen*(보이지 않는 것들)이라는 제목의 책으로 출간되었습니다. 그 책에 추천사를 썼던 사람들이 공통적으로 한 말이 80여 년 전 전혀 다른 사회적, 문화적 배경에서 한 말들임에도 지금 현대인들에게 적절하고 생생하게 공명됩니다. 경제공황, 전쟁의 긴장 속에서 '예수께서 무엇을 하셨는가'보다는 '어떻게 예수처럼 살 수 있을까'라는 도덕주의가 기독교의 핵심인 것처럼 여겨지던 시대에 소위 정통신학의 입장에서 메이첸 교수가 한 말들이 다른 시대를 살아가는 우리를 향해 한 말처럼 적실하게 들리는 것은 진리인 성경이 의도하는 것에 대한 그의 정직함과 진실함이었습니다.

마찬가지로 팬데믹의 혼란과 극단적 개인주의, 객관과 기준을 상실한 선택의 시대를 살아가는 현대인들에게 히브리서의 권면과 경고가 적실하게 들리는 것은 본서에 기고한 네 분 저자들의 진리인 성경 가르침에 대한 정직함과 진실함입니다.

네 분의 저자들은 마치 한 사람의 저자처럼 동일하게 "오직 그리스도"를 외쳤습니다. 하지만 네 분의 저자들은 감상적이고 추상적인 구호로서 "오직 그리스도"가 아닌 하나님의 의도에 대한 역사적이고 실제적인 논리적 해답으로서의 "오직 그리스도"였습니다.

2000년 전에 여러 가지 유혹과 핍박으로 배교의 위험에 빠져 있던 교회에 예수 그리스도가 누구이며, 무엇을 하셨는가를 논리적으로 설명하려고 했던 히브리서 저자의 마음을 본서의 저자들에게서 느낄 수 있어서 감사했습니다.

"오직 그리스도!" 이것이 나르시시즘에 빠진 공허한 구호가 되지 않기 위해서는 히브리서 저자가 강력히 권하는 것처럼 "깊이 생각해야 합니다." 그리스도인들의 주인이 되시고 교회의 머리가 되시는 예수 그리스도가 누구이신지 그리고 그가 무엇을 하셨는지! 네 분의 저자들은 바로 그 길의 훌륭한 안내자들입니다.

노진준 | 전 LA한길교회 담임목사
　　　『읽는 설교 요한복음 1, 2』, 『요셉이 알고 싶다』, 『노진준 목사의 다니엘서』, 『회복하라』, 『믿음을 의심하다』의 저자

추 천 의 글

왜 성령님께서는 성경 기록자들로 하여금 예수 그리스도가 누구신가에 대해 열심히 설명하게 하실까? 그분이 누구인가를 보게 되면, 내가 누구인가를 알게 되기 때문이다. 그리고 내가 어떻게 살아야 하는가를 발견할 수 있게 되기 때문이다.

예수님은 타락한 부자 삭개오를 재산의 태반을 기부하는 삶으로 인도하셨다. 예수님은 지친 삶을 살고 있던 사마리아 여인을 진리를 전하는 자로 만드셨다. 그리고 예수님의 한 제자는 히브리서를 기록하면서 예수님이 누구신지를 밝혀, 고난 가운데 있는 그리스도인들이 세상을 이기는 자로 살게 하려고 시도하고 있다.

2,000년의 세월이 지났지만 '양이 이리 속으로 들어가는' 상황은 변하지 않았다. 우리는 이리보다 더 힘이 센 사자나 호랑이가 되기를 원하지만, 하나님은 우리가 양의 길을 걷기를 원하신다. 예수님이 걸었던 길이 바로 그 길이다.

그리스도께서 앞서 걸으신 '그리스도인의 길'을 걷기를 원하는 모든 분에게 이 책을 권한다. 저자들이 성령님의 도우심을 받아 전하는 예수 얘기를 듣고, 우리 각자가 걸어야 할 '그 길'을 찾을 뿐 아니라 그 길을 기쁨으로 걷게 될 것을 기대한다.

박은조 | 전 샘물교회 담임목사, 글로벌 문도 하우스 원장
『그래도 교회가 희망이다』,『십자가 없이 영광은 없다』의 저자

추 천 의 글

이 책은 미주 지역의 같은 도시에서 목회하며 신학을 가르치고 함께 말씀 운동을 이끌어 가는 4인의 목회자가 성경의 한 책을 나누어 해석한 작업의 소산이라는 데 각별한 의미가 있다.

필자들은 세상의 변모하는 모습 속에서 반복되어 나타나는 복음의 왜곡과 배교의 유혹을 드러내 준다.

로마제국의 박해와 배교의 유혹이 엄습하는 상황에서 히브리 배경의 교인들은 박해로부터 비켜나 있는 유대교로 돌아가려는 유혹에 처해 있었다. 이들을 향하여 히브리서는 타의 추종을 불허하는 구약 전승의 해박한 지식과 그리스도의 구원 역사에 대한 깊은 통찰로써 예수 그리스도가 우리의 영원한 대제사장이 되셨음을 논증하며 확신시켜 준다. 오늘의 영적 불황 속에서 그리스도가 누구신가에 관한 진리가 해답이라는 사실을 일깨워 주는 메시지이다.

또 한 가지, 본서는 히브리서가 오늘의 성서인 이유를 명료하게 밝혀 주는데, 예수 믿은 지 오래되어 종교적 제의와 교회 풍속에는 익숙해졌으나 그리스도 도의 초보만을 반복하고 있는 당시와 오늘의 복음주의 교회를 향한 메시지이다.

전 세계적으로 성장주의와 양적 선교에 주도되어 온 복음주의 교회들은 얕고 넓음으로 인하여 질타받고 있다. 말씀 중심을 구호로 외치지만 정작 성경에 관해서는 '피상적인 답변으로 만족하도록 길들여진 상태'라는 진단이다. 정치적, 물리적인 박해는 없으나 물신의 유혹과 문화적 압력에 굴복하여 자발적인 배교의 길을 가고 있는 현대 교회를 향하여 히브리서 기자가 당시 교회를 향하여 도전한 온전함의 추구는 어떻게 해석되고 응답되어야 할 것인가? 젖먹이 때를 넘어설 단단한 음식은 지각을 사용하며 의의 말씀을 실천으로 경험하는 윤리적 결단이다. 히브리서의 윤리적 메시지를 부각하는 본서의 제안을 발전시켜서 복음을 무도덕amoral, 탈가치의 종교로 만든 기존의 지배신학을 넘어설 윤리적 전환ethical turn의 모티브로 삼아볼 것을 제안한다.

　필자들은 학문적 신학 훈련을 받은 목회자답게, 쉽지 않은 본문의 구조와 내용을 난해하지 않으면서도 정확한 언어로 설명해 주고 있다. 히브리서의 언어에 낯섦을 느껴온 이들에게 권하기에 매우 적절한 책이다.

오형국 | 샬롬교회 담임목사, 청년신학 아카데미 공동대표
　　　『매튜 아놀드와 19C 영국 비국교도의 교양문제』,『기독교 인문주의 전통의 연구』,『칼뱅의 신학과 인문주의』의 저자

머 리 말

히브리서는 신약성경의 감춰진 보석과 같습니다. 미려한 문체, 당당한 논증, 강한 설득은 히브리서만의 도드라진 특징으로 그 문학적 가치는 신약성경에서 단연 드러난다 하겠습니다. 히브리서는 세속적 동화와 거친 박해 상황에 놓인 성도들을 위한 경고와 권면의 말씀입니다. 이를 반영하듯 저자는 히브리서를 "권면의 말"이라 특정합니다(13:22). '권면'에 해당하는 헬라어 단어 '파라클레시스'(παράκλησις)는 '위로를 주다', '안위를 주다', '기쁨을 주다'를 뜻합니다. '위로', '안위', '기쁨'은 어느 시대 누구나 갈망하는 단어들입니다. 히브리서는 예수 따름과 그로 인해 사회적 소외와 냉대 그리고 박해를 경험해야 했던 1세기 그리스도인들을 위로하고 권면하기 위해 기록된 성경입니다.

이 시대의 그리스도인들도 예외가 아닙니다. 누구나 세속적 동화든 거친 박해든 위기 상황에 직면합니다. 서구 그리스도인들은 세속적 동화에, 비서구권 그리스도인들은 거친 박해에 노출된 상황 속에서 '그리스도인 됨'을 해체하려는 여러 다양한 세력들과 싸웁니다.

그리스도인들이 서 있는 영적 전장戰場은 오랜 시간이 흘렀어도 양태만 바뀌었을 뿐 여전히 치열합니다. 히브리서 저자가 경고한 배교 상황은 이전에 비해 더 교묘하고 복잡합니다. 일상의 삶으로 번역되지 않는 신앙고백은 넘쳐나고 세속적 가치에 오염되어 진리 궤도에서 이탈한 유사복음이 활개를 칩니다. 복음으로 세속적 가치를 전도顚倒하기는커녕 되레 전복顚覆당하는 일들이 속출합니다.

1세기 히브리서는 현대 그리스도인들에게 배교의 시대에 '예수바라기'(12:2)로 살아가는 실제적 비결을 가르칩니다. '구원의 창시자'(2:10), '믿음의 주요 또 온전하게 하시는 이'(12:2), 예수를 바라봄은 그를 경배의 대상으로 삼는 것에 멈추지 않고, 그의 가르침을 삶으로 체현하는 것까지 포함합니다. 21세기 진정한 '예수바라기'로 살아가려는 이들에게 히브리서의 메시지는 든든한 안내자와 같습니다. 나아가 영적 전쟁에 지친 이들에게는 위로와 안위의 말씀을, 바벨론(세속주의)에 포획된 성도들에게는 경고와 권면의 메시지를 전합니다.

『배교의 시대에 예수바라기, 히브리서』는 미주장로회신학대학교 출판부가 도서출판 동연으로부터 도움받아 발간하는 첫 번째 책입니다. 간결하면서도 핵심을 붙잡는 주석 작업을 통해 난해한 히브리서 본문을 누구나 쉽게 이해할 수 있도록 원고를 작성해 주신 민종기, 박일룡, 신웅길 박사님께 감사의 마음을 전합니다. 이분들의 균형 잡힌 성경 해석과 깊이 있는 신학적 사유는 척박한 디아스포라 현장을 보다 윤택하게 합니다. 이 책의 원고를 읽고 기꺼이 추천사를 써주신 서정운 목사님(전 미주장로회신학대학교 총장, 한국장로회신학대학교 명예총장) 외 김창환 교수님(풀러신학대학원 교수겸 코리언센터 학장), 노진준 목사님(전 LA한길교회 담임목사), 박은조

목사님(전 샘물교회 담임목사, 글로벌 문도 하우스 원장), 오형국 목사님(샬롬교회 담임목사 겸 청년신학 아카데미 공동대표)께 지면을 빌려 감사의 말씀을 전합니다. 아울러 이 책이 세상에 나올 수 있도록 애써 주신 도서출판 동연 대표 김영호 장로님과 미주장로회신학대학교 모든 교직원께도 감사드립니다.

예수바라기로 일평생 살아가길 원하는 모든 그리스도인에게 이 책을 헌정합니다.

2021년 9월 캘리포니아 산타페 스프링스(Santa Fe Springs, CA)에서

미주장로회신학대학교 총장

이상명 박사

차 례

히브리서 4-6장 '들어갈 안식'을 향한 여정과 '온전케 됨' _ 신웅길

히브리서 7-10장 대제사장과 희생제물로서의 그리스도 _ 이상명

▌ 히브리서 1-3장 ▌

하나님의 아들
예수를 소개하다

—

박일룡

I. 들어가면서

초대교회 성도들은 사도들의 복음 선포를 듣고 예수님을 영접했습니다. 중생의 체험과 죄 용서함의 기쁨, 성령의 은사를 맛보았습니다. 그렇게 놀라운 구원의 감격으로 시작한 삶이지만 그들이 살아가야 하는 현실은 녹록지 못했습니다. 믿음 때문에 고난과 박해를 받았습니다. 사람들에게 구경거리가 되기도 했고, 재산을 빼앗기기도 하고, 감옥에 갇히기도 했습니다. 어떤 사람들은 순교의 제물이 되기도 했습니다. 세상의 유혹도 강력했습니다. 그런데 다시 오신다는 예수님은 오시지 않고 이 세상은 여전히 그대로입니다. 그래서 배교의 문턱에서 머뭇거리며 믿음이 흔들리는 사람들이 많았던 것 같습니다. 또한 유대인 그리스도인 중에는 다시 유대교로 돌아가고자 하는 마음을 가진 사람도 있었던 것 같습니다. 왜냐하면 유대인들은 로마 정부로부터 그들의 신앙에 대한 보호를 받았기 때문입니다.[1] 그들에게는 전통도, 하나님의 임재를 상징하는

---

1 초대교회 당시 유대인들은 이집트, 시리아, 소아시아, 그리스, 로마 등 로마 제국 전역에 자신들의 디아스포라 공동체를 건설하여 생활하고 있었다. 바울이 선교를 위해 방문한 대부분의 도시에는 유대인들의 회당이 있었고 바울은 그곳을 복음 전도의 전진 기지로 사용한다. 그리고 유대인들의 공동체는 그 도시에서 상당한 영향력을 행사했으며 안식일에 자유롭게 모일 수 있었음을 볼 수 있다(행 13:14, 50; 17:1, 5; 18:4, 12; 19:8). 유대인들은 Julius Caesar와 Augustus황제 아래에서 자신의 도시의 이방제사 의식에 참석에서 면제되고 조상들의 법과 규율과 종교적인 전통을 따를 수 있도록 허

성전도, 죄에 대한 속죄를 약속받는 제사도 있었습니다. 그러나 기독교 공동체에는 삶의 고난 가운데서 그들이 눈으로 보고 붙들 수 있는 것이 아무것도 없었던 것입니다.

오늘날 저와 여러분들도 히브리서의 원독자들과 별로 차이가 없는 시대 상황에 있는 것 같습니다.『변화하는 세상, 변치 않는 복음』이라는 레슬리 뉴비긴의 책은 변화하는 세상에서 복음의 본질을 붙들도록 도전해 주었으며, 선교대회의 주제로도 많이 사용되었습니다.[2] 복음은 변하지 않습니다. 그렇습니다. 그러나 동시에 시대와 문화는 변해도 하나님을 거부하는 세상 문화의 조류는 크게 변하지 않습니다. 복음도 변하지 않지만, 복음을 반대하는 세상도 변하지 않습니다. 아니 마지막 때가 가까울수록 더 강하게 성도를 위협하고 유혹할 것입니다. 예수님께서도 "인자가 올 때 믿음을 보겠느냐"(눅 18:8)고 걱정하셨습니다. 오늘날 교회와 성도 안에 세속적인 조류가 강하게 역사하고 있습니다. 믿음에 회의를 가지거나 떠나려고 하는 사람들도 많습니다. 그런 우리에게 히브리서는 어떤 도움이 될까요?

히브리서는 배교의 시대에 성도에게 다시 확실한 믿음의 소망

락을 받았다. 잠시 로마에서 유대인들이 추방되는 일들도 있었지만(139 BC, 19AD) 대체로 이런 권리는 유지되었다. 로마 제국 시대의 유대인의 종교적인 지위에 대해서는 E. Mary Smallwood의 *The Jews Under Roman Rule: From Pompey to Diocletian* (2d ed.; Leiden: Brill, 1981) ch. 6를 보라.

2 레슬리 뉴비긴/폴 웨스턴 편·홍병룡역,『변화하는 세상 변함없는 복음』(서울: 아바서원, 2016).

을 주는 메시지를 담고 있습니다. 성경에서 가장 확실하고 분명하게 예수님의 대제사장직에 대하여 설명하고 있습니다. 구약과 신약이 어떻게 연결이 되는지, 성도의 영원하고 확실한 소망이 무엇인지를 우리에게 보여주는 책입니다. 무엇보다도 히브리서는 대제사장 되신 예수 그리스도를 소개하고 있습니다(cf. 히 8:1). 고난 가운데 있는 성도들이 감정적인 욕구를 충족시키거나 일시적인 대안을 제시함으로 위로를 주고자 하지 않습니다. 오히려 그들에게 다시 복음의 본질을 선포합니다. 보이지 않는 영원한 본향을 바라보고 인내하라고 합니다. 그리고 무엇보다도 구원을 이루신 대제사장 되신 예수님을 증거합니다. 우리의 대제사장 되신 예수님을 깊이 생각하고(히 3:1), 바라보며(히 12:2), 그에게 나아가자고(히 4:16) 권면합니다.

왜 예수님입니까? 왜 다시 예수를 바라보고 예수를 깊이 생각해야 합니까? 예수님이 우리의 신실한 대제사장(히 2:17)이시기 때문입니다. 우리를 위해서 자신을 단번에 내어주셨기 때문입니다(히 9:12, 26). 그것을 압니다. 수많은 선지자도, 순교자도 있었습니다. 그런데 왜 예수님이 그토록 위대하시며 왜 예수님의 죽음이 우리를 이 세상의 모든 고통과 유혹에서 지켜줄 수 있는 힘과 능력이 됩니까? 이 위대한 설교자는 히브리서 1-3장에서 먼저 왜 예수님이 천사보다, 모세보다 그리고 아론의 반차를 좇는 대제사장들보다 더 나은 대제사장이 되시며 그리고 고난 가운데 있는 성도가 왜 다시 그리스도를 바라보아야 하는지 그 이유를 제시하고 있습니다.

II. 1장에서 3장까지 구조

먼저 여러분의 이해를 돕기 위해서 1장에서 3장까지의 내용 전개를 간략하게 살펴보겠습니다. 사실 히브리서는 정확하게 단락을 구분하기가 쉽지 않습니다. 왜냐하면 신학적인 논증(doctrine)과 권면(parenesis)이 사슬처럼 연결되어 반복되는 구조로 되어 있기 때문입니다.[3] 이것은 사실 히브리 문학의 특징이기도 합니다. 1장에서 3장의 내용도 아래와 같이 신학적인 논증과 권면이 반복적으로 연결되면서 논지가 발전합니다. 특별히 신학적인 논증에는 직접적인 언급은 없지만 내포된 질문을 포함하고 있습니다. 물론 이 질문들은 내용을 토대로 제가 유추해낸 것이지만 왜 저자가 이런 논증을 하는지 그 내용이 무엇인지 이해하는 데 도움이 될 것입니다. 그리고 신학적인 논증이 있고 난 후에는 반드시 권면을 합니다. 사실 신학적인 논증을 하는 이유가 성도들을 그 믿음 위에 굳건하게 세우기 위함입니다. 1-3장까지의 구조는 아래와 같이 정리해 볼 수 있습니다.[4]

---

3 하워드 마샬, 스티븐 트래비스 그리고 이안 폴이 공저한 『성경이해 2: 서신서와 요한계시록』 (박대영 역; 서울: 한국성서유니언, 2007)의 385-387에서 이런 히브리서 구조를 간략하게 잘 설명하고 있다. 이와 관련한 히브리서의 문학적인 구조에 대한 설명은 Peter T. O'Brien, *The Letter to the Hebrews* (The Pillar New Testament Commentary; Grand Rapids: Eerdmans, 2010), 22-34와 Paul Ellingworth, *The Epistle to the Hebrews: A Commentary on the Greek Text* (NIGTC; Grand Rapids: Eerdmans, 1993), 50-58을 참고하라.

1:1-4	[논증] 하나님의 아들 예수님을 소개.
1:4-14	[내포된 질문] 왜 예수님이 천사보다 나은 말씀의 중보자인가?
	[신학적 논증] 예수님은 하나님의 아들이시지만 천사들은 섬기는 영에 불과하다.
2:1-4	[권면] 그러므로 예수님이 전하신 구원의 말씀을 등한시 여기지 말아라.
2:5-18	[내포된 질문] 예수님이 하나님의 아들이시면 왜 그의 능력이 지금 나타나지 않는가?
	[신학적 논증] 예수님이 잠시 천사보다 못하게 오신 것은 고난을 당하심으로 우리를 구원하시기 위한 것이다.
3:1	[권면] 그러므로 예수님을 깊이 생각하라.
3:2-6	[내포된 질문] 왜 예수님을 깊이 생각해야 하는가?
	[신학적 논증] 예수님은 아들이심에도 모세보다 더 신실하게 직분을 행하셨다.
3:7-19	[권면] 그러므로 예수님의 음성을 듣거든 마음을 완고하게 하지 말고 순종하라.

---

4 M. L. Maxell, "Doctrine and Parenesis in the Epistle to the Hebrews, with special reference to pre-Christine Gnosticism" (Ph.D. dissertation, Yale 1953)은 신학적인 논증과 권면을 가장 자세하게 구분하고 있다. 본 저자의 구분과 Maxell의 구분은 거의 일치한다. Ellingworth 58을 보라.

III. 서론: 하나님의 아들 예수(히 1:1-4)

이제 히브리서의 서론인 1:1-4의 내용을 살펴보겠습니다. 히브리서는 서신이라기보다는 설교라고 여겨지는 데 그것은 수많은 권면을 담은 히브리서의 내용과 더불어 저자가 스스로 이 글을 "권면의 말"이라고 부르고 있기 때문입니다(히 13:22).[5] 그래서 일반적으로 서신에 먼저 나오는 수신자, 발신자, 문안의 내용이 없습니다. 요한복음이 바로 "태초에 말씀이 계시니라"라고 시작하듯이 히브리서 저자는 바로 기독론, 종말론, 신론, 성경론 등이 포함된 엄청난 신학적인 선포로 그의 메시지를 시작합니다. 이미 서론에서 말씀을 드렸지만, 성도들은 지금 고난과 세상의 유혹 가운데 흔들리고 있습니다. 배교의 문턱에서 고민하고 있습니다. 무엇인가 확실한 소망을 붙들기를 원하는 성도들에게 이 히브리서 저자는 십자가에 달려 돌아가시고 지금은 부활하셨다고 하는 그 예수님이 정말 누구신지를 선포함으로 그의 메시지를 시작하고 있습니다. 왜냐하면 이 예수님이 누구신지 안다면 우리는 그를 믿은 견고한 믿음 위에서 흔들리지 않을 수 있기 때문입니다.

믿음이 흔들릴 때 우리는 어떻게 해야 합니까? 삶에 이어지는 고난으로 인하여 지치고 낙심한 성도들에게, 그래서 눈에 보이는

---

5 여기서 사용한 "권면의 말"은 회당 설교를 지칭하는데 바울이 사용하고 있음을 주목하라(cf. 행 13:15). Marshall 등도 히브리서를 오늘날 대부분의 학자들이 "편지보다는 설교"로 생각한다고 말한다(Marshall 외, 『성경이해 2: 서신서와 요한계시록』, 385).

어떤 약속과 위로를 얻기를 원하는 성도들에게 우리가 전해야 할 복음의 내용은 무엇일까요? 그것은 다시 예수님을 보여주는 것입니다. 예수님이 정말 어떤 분이시며, 그가 하신 일이 어떤 은혜와 사랑을 담고 있는지, 그분이 어떤 능력으로 우리를 붙들고 있는지 보여주는 것입니다.

요즘 저는 〈내 삶의 이유라〉(이권희 작사·작곡)라는 찬양을 좋아합니다. 이 찬양은 이렇게 시작합니다.

예수는 내 힘이요 나의 기쁨 내 참 소망
그 이름의 생명이 내 삶의 이유라
오직 주만 따라갑니다. 오직 주만 높임 받으소서
내 평생에 그 이름을, 그의 선하심을, 세상에 노래합니다
그 이름에 크신 능력, 영원한 생명이 내 삶의 이유라

예수님이 우리의 힘이요 기쁨이요 소망이 되시며, 우리의 삶의 이유가 되기 위해서는 우리가 먼저 그분이 어떤 분이신지를 알아야 합니다. 그래서 히브리서는 하나님의 아들이신 예수님을 먼저 소개하는 것입니다.

1절과 2절의 주어는 하나님입니다. 하나님께서 옛적에는 선지자들을 통해서 말씀하셨고, '모든 날 마지막에는' 그 아들을 통해서 말씀하셨습니다. '모든 날 마지막'은 메시아의 시대를 지칭하는 단어입니다(cf. 민 24:14; 렘 49:39; 단 8:23; 10:14; 슥 8:9, 15; 행 3:24; 벧전

1:20; 히 9:26). 성경은 이 '마지막 날'에 메시아가 오실 것이고, 그가 하나님이 약속하신 모든 약속을 이루실 것이라고 말합니다. 이날은 모든 악한 것을 심판하시는 날입니다. 이제 예수님이 오심으로 이 마지막 날이 '이미' 시작되었습니다. 이 마지막 날의 주권자는 그의 아들 예수님이십니다.

그래서 저자는 바로 아들이 누구신지 소개하고 있습니다. 1~4절은 예수님에 관하여 일곱 가지 사실을 언급합니다. 예수님은 1) 만유의 상속자, 2) 모든 세계의 창조자, 3) 하나님의 영광의 광채시고, 본체의 형상, 4) 만물을 붙드시는 분, 5) 죄를 정결하게 하시는 분, 6) 하나님 우편에 앉아 계시는 분이십니다. 그리고 그 결과 7) 천사보다 더 아름다운 이름을 기업으로 얻으신 분이시라고 말합니다. 정리하면 두 가지, 즉 1) 예수님이 누구신지(WHO HE IS) 그리고 2) 그가 어떤 일을 하시는지(WHAT HE DOES)를 설명하는 것입니다.

1. 사역적인 면에서 하나님의 아들 되심(Functional Sonship of Christ)

'인자'(사람의 아들)로 이 땅에 오신 예수님은 그가 이루신 메시아적인 사역을 신실하게 이루심으로 하나님께서 그를 다시 살리셔서 하나님 보좌 우편에 앉히셨습니다. 그것이 초대교회 성도들의 가장 기본적인 신앙의 고백입니다. 메시아로서 예수님은 왕적인 사역(Kingly Function), 선지자적인 사역(Prophetical Function) 그리고 제사장적인 사역(Priestly Function)을 하셨습니다. 이 본문에서도 메시아로서 예수님이 하신 세 가지 사역을 중점적으로 소개하고 있습니다.[6]

먼저, 왕으로 예수님은 '만유의 상속자'이십니다. 만물의 창조에 동참하셨을 뿐 아니라 창조된 만물을 붙드시며 구원하시는 분이십니다(cf. 2:14; 4장). 그리고 모든 만물에 최종적인 안식을 주시는 분이십니다. 예수님이 지금 하나님 보좌 우편에 앉아 계신다는 것은 하나님을 대신하여 다스리실 뿐 아니라(cf. 엡 1:20-22) 마지막 때에 다시 오셔서 세상을 구원하시고 심판하실 주로 오신다는 사실을 포함하고 있습니다. 그래서 예수님이 다시 오셔서 심판하실 그 날을 두려움으로 준비하고 믿음에서 떨어지지 않도록 주의하라고 경고하고 있는 것입니다(히 4:13; 9:28; 10:25, 29, 30, 36, 37). 즉, 예수님은 창조, 섭리, 구원, 완성에 이르는 하나님의 구속사의 주권자이시며, 우주적인 통치자(the cosmic ruler)이심을 강조하고 있는 것입니다.

두 번째로 예수님의 선지자적인 사역을 소개합니다. 옛적에는 하나님께서 선지자를 통해서 '여러 부분과 여러 모양으로' 조상들에게 말씀하셨지만, 이제는 아들 되신 예수님이 직접 그 백성들에게 말씀하십니다. 예수님은 구약 시대 선지자들의 예언의 실체이

---

6 그리스도의 세가지 직분에 관해서는 Calvin, *Institutes*. II.xv를 참고하라.

시면서 또한 하나님의 뜻을 우리에게 직접 전하시는 아들이시기에 그가 선지자나 천사보다 더 우월한 중보자가 되시는 것입니다. 천사들을 통하여 주신 말씀도 하나님의 말씀으로 효력이 있다면(히 2:2) 아들이 직접 우리에게 전하신 그 말씀을 우리가 받지 않는다면 얼마나 더 큰 보응이 있을 것이냐고 질문합니다. 서론(1:1-3)에서 언급된 이 내용은 1장과 2장을 구성하는 중심 주제가 됩니다.

예수님은 또한 그 백성을 대언하고 대신하는 제사장적인 역할을 감당하시는 분이십니다. '만물을 붙드시고 죄를 정결케 하시는 일'을 하시는 예수님의 대제사장 사역은 히브리서 4-10장에서 중점적으로 다루어집니다. 하지만 예수님이 대제사장이라는 소개는 이미 2:17에서 나타나며 13:10-13에 다시 소개하고 있음을 볼 때 '예수님의 대제사장 되심'은 히브리서 전체적인 핵심 주제임이 분명합니다. '죄를 정결케 하시는' 예수님의 제사장직에 대하여도 서두에 소개되어 있습니다. 이렇게 예수님은 약속된 메시아의 직분을 신실하게 수행하심으로(What He Does) 하나님의 아들이라는 아름다운 이름을 얻게 되신 것입니다.

2. 본성적인 면에서의 아들 되심(Ontological Sonship)

예수님께서 기능적으로 메시아의 사역을 잘 감당하였기 때문에 물론 다른 모든 선지자나 아론의 반차(班次)를 따르는 제사장 그리고 심지어 천사보다 더 뛰어난 분이심은 확실합니다. 그러나 예수님의 우월하심은 단지 그의 메시아적인 사역에 근거하는 것만은 아님을 저자는 강조합니다. 이것이 히브리서 1:1-4의 핵심 내용이며, 히브리서 전체의 논지이기도 합니다. 예수님은 단지 메시아적인 사역을 감당하심으로 하나님의 아들이 되신 분일 뿐만 아니라 그는 본성적으로 이미 하나님의 아들이셨다는 것입니다. 그렇기 때문에 그의 사역에는 더 놀라운 효력이 있는 것이며, 이것이 예수님을 더 뛰어나고 존귀하게 되게 한 근본적인 이유라는 것입니다.

예수님이 본성적으로 하나님의 아들이심을 강조하기 위해서 2절에서 '아들을 통해서'라고 말씀하실 때 정관사 없이 사용한 것입니다. 영어로 표현하자면 'by the son'이라고 하지 않고 'by a son'이라고 표현한 것입니다. 정관사를 사용하면 특정한 아들을 의미합니다. '그 아들'이란 의미입니다. 예수님께 적용하면 메시아적인 사역을 하신 예수님은 한 분밖에 없습니다. 그래서 예수님이 메시아 되심을 표현할 때는 the Messiah 또는 the Son으로 주로 표현하는 것입니다. 실제로 히브리서 저자도 그렇게 정관사를 사용하여 '하나님의 아들'(the Son of God)이라고 예수님을 표현합니다(히 4:4; 6:6; 7:3; 10:29). 그런데 2절에서 '아들을 통하여'라고 할 때는 정관사 없이 그냥 '아들'(a son)로 사용한 것입니다(실제 헬라어에서는 영어의 부정관사 a/an은 없다. 관사를 사용하지 않으면 부정사의 의미가 된다). 이런 표현을 '일반적 용법'(generic)이라고 합니다. 일반적인 아버지와 아들의 관계를 설명할 때는 정관사를 붙일 필요가 없습니다. 그냥 아버지와 아들입니다. 여러 아들 중의 하나의 아들이란 의미가 될 수 있습니다. 그러나 여기서는 좀 더 특별한 의미로 사용되었다고 학자들은 주장합니다.[7] 아버지와 아들의 일반적인 관계이지만 예수님이 하나님 아버지의 유일하신 아들이시며 그와 같은 관계가 세상에 없기 때문입니다. 그렇게 예수님은 하나님 아버지의 아들로 창세 전부터 아들의 지위로 선재하셨던 분이심을 의미하는 것입니다. 메시아의 사명을 수행하심으로 하나님의 아들이 되신 것이 아니라 본성적으로 원래부터 하나님의 아들이셨다는 것입니다.

그래서 본질적으로 그 지위와 영광에 있어서 아버지와 동등하신 분이십니다. 예수님은 "하나님의 영광의 광채이시요, 그 본체의 형상이시라"는 것입니다. 영광과 광채, 본체와 형상은 구분될 수 없는 것입니다. 발광체와 그 발광체에서 나오는 광채는 구분되지만 분리될 수 없습니다. 태양과 햇빛을 구분할 수가 없듯이 말입니다. 예수님은 하나님과 본성적으로 하나이시기 때문입니다(cf. 요 10:30).

하나님은 본체이시고 예수님은 그 본체의 형상입니다. 예를 들어서 도장이 있다고 생각해 봅시다. 도장에는 홈이 파져 있어

---

7 D. B. Wallace는 이런 용법을 'a qualitative noun'이라고 하며 같은 종류의 한 개체가 아니라 독특한 한 개체를 의미한다고 한다(*Greek Grammar beyond the Basics: An Exegetical Syntax of the New Testament* [Grand Rapids: Zondervan, 1996], 244. Cf. O'Brien, 49-50, Ellingworth, 93-94).

서 그 형상이 새겨져 있고, 그 도장을 찍으면 그 형상이 또한 찍혀서 우리가 볼 수 있습니다. 도장과 그 찍힌 형상은 떼래야 뗄 수 없는 관계에 있습니다. 예수님은 그렇게 하나님의 온전한 형상이실 뿐만 아니라 보이지 않는 하나님의 모습을 우리에게 보여주시는 분이십니다. 본성적으로, 본질적으로 하나님과 하나이시며, 하나님의 영광과 형체를 가지신 영원하신 하나님의 아들이십니다.

2-3절의 기독론적인 논증은 아래와 같은 구조로 되어 있습니다. 이 구조를 통해서 예수님의 '사역적인 면에서의 아들 되심'(functional sonship)과 '본성적인 면에서의 아들 되심'(ontological sonship)이 교차대조 형식(chiastic structure)으로 구성되어 있음을 엿볼 수 있으며 히브리서 저자의 강조점도 살펴볼 수 있습니다.8

---

8 히 1:1-4의 chiastic 구조에 관해서는 많은 학자들의 연구가 있다. 대표적인 것이 D. W. B. Robinson, "The Literary Structure of Hebrews 1:1-4," *Australian Journal of Biblical Archaeology* 2 (1972) 278-286와 A. Vanhoye, *Structure and Message of the Epistle to the Hebrews* (Rome: Potifical Biblical Institute, 1989)가 있다. 주석서들로는 Philip E. Hughes, *A Commentary on the Epistle to the Hebrews* (Grand Rapids: Eerdmans, 1977) 49 n26; O'Brien, 45-46; Ellingworth, 95-96의 구조 분석을 참고하라.

```
                ┌─ A: 이 아들을 만유의 상속자로 세우시고 [예수님의 주권]
            ┌───┤
            │   └─ B: 또 그로 말미암아 모든 세계를 지으셨느니라
            │          [피조물과의 관계]
Functional Sonship       C: 하나님의 영광의 광채시요 그 본체의 형상이시라
            │               [하나님과의 관계] – Ontological Sonship
            │   ┌─ B': 그의 능력의 말씀으로 만물을 붙드시며 죄를 정결하게
            └───┤       하는 일을 하시고 [피조물과의 관계]
                └─ A': 높은 곳에 계신 지극히 크신 이의 우편에 앉으셨느니라
                        [예수님의 주권]
```

위의 구조에서 보는 바와 같이 2, 3절의 내용은 예수님의 본성적인 아들 되심(ontological sonship: C항)을 중심으로 사역적인 아들 되심(functional sonship: A, B, A', B'항)이 대조적으로 구성되어 있습니다. 이런 교차대조 구조에서는 핵심 주제를 가운데 배치하는 것이 특징입니다. 즉, 예수님이 하나님의 아들 되심은 그의 사역적인 아들 되심(메시아적인 사역)을 통하여 우리에게 드러나게 됩니다. 다시 말해서 우리는 그 사역을 통하여 하나님의 보호하심을 입고, 죄 용서함을 받고, 그의 도우심으로 구원을 얻게 되는 것입니다. 히브리서 저자는 이런 예수님을 보여줌으로 믿음이 흔들리는 성도들을 견고하게 하려고 하는 것입니다. 특별히 그의 대제사장적인 직분의 위대함을 전하려고 합니다. 그런데 이런 메시아적인 사역을 감당하신 그분이 본성적으로 하나님의 아

들이심을 먼저 드러내는 것입니다. 그러므로 그분이 누구보다도 더 우월한 선지자, 제사장, 왕이 되신 것이며, 그의 구원은 '단번에' 우리의 모든 죄와 양심을 깨끗하게 하고, 하나님의 보좌 앞으로 담대하게 나아갈 수 있게 해 주시는 것입니다.

히브리서 저자는 이 서론의 내용을 통해서 또한 그가 말하고자 하는 내용 전체를 소개하고 있습니다. 히브리서 전체의 구조를 간단하게 나누면 1) 하나님의 말씀의 중보자로 천사보다 나은 예수님(1-2장), 2) 언약의 일군으로 모세보다 더 우월한 예수님(3-4장), 3) 아론보다 더 나은 대제사장이신 예수님(5-10장)으로 나눌 수 있습니다.9 각 항목마다 예수님이 더 우월하신 이유는 바로 그가 '아들'이시기 때문임을 강조합니다. 예수님이 천사보다 더 뛰어나신 것은 그가 아들이시기 때문입니다(1:4, 14). 예수님이 모세보다 더욱 영광을 받을 만한 것은 '그리스도는 하나님의 집을 맡은 아들로서' 신실하게 일했기 때문입니다(3:5-6). 예수님이 더 우월한 제사장이신 이유도 우리에게 있는 큰 대제사장이 '하나님의 아들 예수'이시기 때문이라는 것입니다(4:14; cf 5:5, 8; 7:3, 28, etc). 그러므로 동시에 이 아들을 거부하고 돌아선다면 멸망의 길이며, 더 큰 책임이 있음을 알아야 한다고 경고하고 있는 것입니다(2:1-4; 10:29, 39). 이렇게 히브리서의 서두는 예수님이

---

9 Hughes의 주석이 이런 구조를 따르고 있다. Cf. Donald Guthrie, *New Testament Introduction* (rev. ed.; Downers Grove; IVP, 1990), 717-721; Robert H. Gundry, *A Survey of the New Testament* (4th ed.; Grand Rapids: Zondervan, 2003), 463.

진정 누구이신지를 소개해 주면서 예수님이, 예수님만이 우리의 "믿는 도리의 사도이시며 대제사장"이실 수밖에 없음을 제시합니다.

IV. 선지자/천사보다 더 우월하신 하나님의 아들 예수(1:1-2:4)

1. 논증: 선지자보다(천사보다) 더 우월하신 예수님(1:1-14)

이제 각 단락의 내용을 차례대로 살펴보도록 하겠습니다. 서두의 마지막인 4절은 서론의 결론이면서 또한 앞으로 전개되는 1장과 2장의 서론이 되는 구절입니다. 먼저 예수님이 왜 선지자나 천사보다 더 우월한 하나님 말씀의 중보자가 되시는가 하는 것입니다. 먼저 강조하는 것은 하나님의 계시에는 연속성이 있다는 것입니다. 옛 언약이든지 예수님이 주시는 새언약이든지 모두 하나님의 계시입니다. 다 하나님의 말씀입니다. 그러나 차이가 있습니다. 시기적으로 '옛적'과 '이 모든 날 마지막'이라는 차이가 있습니다. 먼 과거의 옛 언약 보다 지금 마지막 때에 주신 말씀이 더 효력이 있는 것은 당연한 일입니다. 수신자도 연속성이 있습니다. 옛적에는 '우리 조상들에게' 주셨습니다. 남이 아니라 '우리' 조상들이었습니다. 그러나 새 언약은 더 직접적으로 우리에게 주셨기에 더 효력이 있습니다. 말씀을 주신 방법도 옛적에는 '여러 부분과 여러 모양'으로 말씀하셨지만, 지금은 아들을 통하여 '직접' 말씀을 하십니다. 가장 중요한 차이는 계시의 전달자입니다. 이전에는 '선지자들을 통하여' 말씀하셨지만, 이 마지막 때에는 '아들을 통하여' 말씀하신다는 것입니다.

예수님을 보지 못했던 신앙의 2, 3세대의 성도들이 받은 것은 사도들이 선포하는 말씀뿐이었습니다. 기록된 신약성경은 아직 존재하지 않았습니다. 아마도 어떤 성도들은 옛적처럼 환상이나 꿈, 예언으로 말씀하신다면 훨씬 더 좋을 것 같다는 생각을 하였을 것입니다. 고난 가운데 있을 때 하나님의 천사가 나타나서 말씀하신다면 얼마나 큰 위로와 힘이 되겠습니까? 그래서 천사를 통해 전해 주었다는 기록된 경전인 구약성경이 더 무게감이 있게 다가왔을 것입니다(신 33:2; 행 7:35; 갈 3:19). 지금도 우리에게 기록된 신약성경이 있지만 그럼에도 불구하고 꿈을 꾼다든지, 환상을 본다든지, 예언을 듣는다든지 하면 그런 것에 우리의 마음이 더 가게 되는 것이 사실입니다. 무엇인가 확실한 것을 듣고 보기를 원하는 것이 사람의 마음이기 때문입니다. 특히 나를 보호해 주고 하나님의 말씀을 대언해 주는 천사가 있다면 좋겠다는 생각은 시대를 초월하여 누구에게나 있습니다(cf. 골 2:18). 천사는 영적인 존재이면서 능력이 있습니다. 지극히 높으시고 거룩하신 하나님과 달리 우리가 가까이할 수 있는 친근한 영적인 존재입니다.

그런 성도들에게 히브리서 저자는 먼저 예수님이 천사보다 훨씬 우월하심을 강조합니다. 그리고 그 우월하신 이유를 그의 본성적인 아들 되심에서 찾고 있습니다. 즉, 예수님은 원래 하나님의 아들이시고, 모든 만물의 주권자이기에 천사보다 뛰어난 것은 당연한 것이지요. 이 아들은 바로 하나님의 영광의 본채이신 영원하신 성자 하나님이시기 때문입니다. 그리고 계속해서 천사와 비교해서 예수님이 얼마나 더 뛰어나신 분이신지를 1:4-14까지 그들이 더 중요하게 여기는 구약성경을 인용하여 증명하고 있습니다. 그가 천사보다 뛰어난 것은 하나님이 직접 낳은 아들이 되신 분이시며(5절), 천사들에게 경배를 받으실 분이시며(6절), 영원한 왕으로 세우셨기 때문입니다(8절). 천사들은 하나님의 아들에게 경배를 드려야 할 피조물이며(6절), 섬기는 영에 불과합니다(14절). 천사들은 하나님의 아들이신 예수님을 섬기는 것뿐만 아니라 '구원받을 상속자들을 위하여 섬기도록' 보냄을 받은 자들입니다. 그러므로 천사 숭배함으로 이미 받은 믿음의 도를 저버리는 것은 얼마나 어리석은 일입니까?

예수님은 하나님의 뜻을 직접 대언하시는 분이실 뿐 아니라 말씀의 능력으로 모든 세계를 창조하시고 붙들고 계시는 분이십니다. 또한 그의 말씀은 '살아 있고 활력이 있어 좌우의 날 선 어떤 검보다도 예리하여 혼과 영과 및 관절과 골수를 찔러 쪼개기까지 하며 또 마음의 생각과 뜻을 판단하시는' 능력의 말씀입니다(4:12). 모든 세계를 지으신 그분께서, 말씀으로 붙들고 계신 그분께서 마지막 때에 말씀으로 모든 사람을 심판하실 것입니다 (4:13).

2. 권면: 구원을 등한시 여기지 말라(2:1-4)

이렇게 말한 후에 이 지혜로운 설교자는 기회를 놓치지 않고 바로 성도들에게 도전합니다. "그러므로 우리는 들은 것에 더욱 유념함으로 우리가 흘러 떠내려가지 않도록 함이 마땅하다"고 호소합니다(2:1). 천사들을 통해서 주신 구약의 말씀도 효력이 있습니다. 그 말씀에 순종하지 않은 자들이 합당한 심판을 받았다는 것을 잘 알고 있습니다(2절; cf. 히 3:16-19; 12:25). 그러니 이제 그 아들이 전해 주신 말씀과 그가 이루신 큰 구원을 등한시 여기게 된다면 더 큰 심판이 임할 것은 당연한 것이라고 경고합니다. 왜냐하면 이제 이 마지막 시대에 우리에게 말씀하신 분은 하나님의 아들 되신 예수님이시기 때문입니다. 우리가 그를 떠나서 다시 옛 언약으로 돌아간다면 회복할 기회가 없습니다. 왜냐하면 이 시대는 마지막 시대이기 때문입니다.

사도들이 전해 주신 말씀이 아직은 기록되지 않은 구전으로 전해지고 있지만, 그 말씀에도 표적과 기사들과 능력과 성령의 나타나심이 있었습니다(2:4). 그것들을 통해서 복음이 전해졌고, 그 위에 교회가 세워졌습니다. 지금 당장 내 눈앞에 기적과 능력이 나타나지 않는다고 처음에 받은 그 구원의 도를 떠나는 어리석은 일을 범하지 말아야 합니다. 어떤 확실한 음성을 듣고자 하는 마음, 환상을 보고자 하는 마음은 누구에게나 있습니다. 붙들 수 있는 것이 없어서 뭔가 더 확실한 보이는 소망을 붙들고 싶은 유혹이 있지만 그런 유혹에 마음이 흔들리지 말아야 합니다. 예수님이 이루신 '이 큰 구원'의 영적인 실체를 알고, 그 구원을 주신 예수님이 누구신지 알 때, 이 말씀 위에 견고하게 서게 될 것입니다(2:3).

그래서 히브리서 저자는 예수님이 누구신지를 먼저 소개하는 것입니다. 그리고 이어서 그 예수님이 이루신 큰 구원의 내용이 무엇인지를 설명함으로 배교의 문턱에서 흔들리는 성도들의 마음을 붙잡고자 하는 것입니다. 이미 받은 구원의 말씀을 견고하게 붙드는 것이 살길입니다. 사도들의 전해 준 복음의 말씀을 믿고 굳건하게 서는 것이 우리가 해야 할 일입니다.

V. 고난을 통해서 온전하게 하신 하나님의 아들 예수(2:5-3:1)

1. 논증: 고난을 통해서 온전하게 하신 예수님(2:5-18)

성도들은 부활의 주님이 모든 만물을 다스리고 계심을 믿습니다. 그런데 성도들의 믿음이 흔들리는 이유는 무엇일까요? 그것은 예수님이 다스린다고 하지만 이 세상에서 그것을 경험할 수 없기 때문입니다. 우리가 경험하는 세상은 세상의 주권자들이 다스리는 세상입니다. 그들의 힘과 횡포에 연약한 자들은 당할 수밖에 없습니다. 재산도 빼앗기고 사람들에게 조롱과 멸시를 당하며 사람들의 구경거리가 됩니다. 감옥에 갇히기도 합니다. 사랑하는 성도 여러분, 지금 우리의 마음에도 그런 생각이 들지 않습니까? 예수님이 이제 모든 만물의 주권자로 계신다면 왜 나를 이 고통에 그대로 내버려 두고 계시는지, 세상의 불의를 왜 그냥 두시는지 말입니다.

이런 신앙의 실존적인 질문을 안고 있는 성도들에게 히브리서 저자는 예수님의 고난의 의미를 설명해 나갑니다. 그리고 그 고난이 성도들에게 어떤 의미가 있는지를 설명하며 그들을 격려합니다. '자비하고 신실한 대제사장'이 되신 예수님이 우리와 같은 사람이 되시고 고난을 당하신 이유가 무엇입니까? 그 '백성의 죄를 속량하고'(2:17) 그들을 이끌어 '영광에 들어가게' 하시기 위함입니다(2:10). 죄 가운데 있는 백성을 속량하고 대신하는 대제사장이 되기 위해서는 그들과 같은 사람이 되어야 합니다(5:1). 그래서 잠시 동안이지만 천사보다 못하게 육신을 입고 이 땅에 오신 것입니다. 그리고 그들을 대신하여 '심한 통곡과 눈물로 간구와 소원을' 올리셔서 그들의 구원의 근원이 되신 것입니다(5:7-9; 9:26). 그 백성의 죄를 속량하시고, 죄와 마귀의 권세에서 해방시켜 주시며, 양심을 깨끗하게 하시고, 정결하게 하셔서 하나님을 섬기게 하셨습니다(2:14-15, 17; 9:12-14). 그리고 하나님의 안식에 들어가게 하시고(4:11), 영광에 이르게 하셨습니다(2:10; 12:22-24). 다시 말하면 우리를 온전하게 구원하시는 대제사장이 되시기 위해서(7:25) 우리와 같이 되시고, 고난을 당하시는 것입니다(2:10).

좋습니다. 그것은 이해가 됩니다. 그런데 예수님께서 아직 그 영광을 나타내지 않고 우리를 고난 가운데 두시는 이유는 무엇이냐는 것입니다. 왜 우리를 구원하신 이가 그의 능력을 나타내셔서 이 세상의 고난과 핍박에서 그의 백성을 구원하지 않고 계시는 것입니까? 그것은 우리를 고난을 통해서 온전하게 하시기 위함이라고 합니다. 예수님이 고난을 통해서 온전하게 되신 것처럼(2:10; 7:11, 19; 9:9; 10:1-2) 우리도 고난을 통해서 온전하게 될 것이기 때문입니다(11:40; 12:23). 예수님이 그 앞에 있는 즐거움 보고 고난을 참으신 것처럼 성도들도 앞으로 우리에게 주어질 하나님의 영원한 상급을 바라보며 고난을 참아야 한다는 것입니다(12:2, 3). 고난은 성도를 완전하게 하는 길입니다. 하늘의 시온산으로 들어가기 위해서 우리는 먼저 영문 밖으로 그에게로 나가야 합니다(13:13).

그러나 기억해야 할 것이 있습니다. 여기서 '완전하게 된다'는 것은 도덕적으로 완전하게 되는 것을 의미하지 않습니다. 완전하다는 것은 "하나님의 일을 감당하기에 합당하게 되다"는 의미로 사용된 것입니다.[10] 제사장은 완전해야 합니다. 흠이 없어야 합니다. 그래야 하나님 앞에서 제사장으로 사역을 감당할 수 있는 것입니다. 우리가 완전하게 되는 것은 우리의 노력으로 되는 것은 아닙니다. 우리의 죄는 예수님께서 단번에 우리를 위해서 흘리신 보혈의 피로 깨끗하게 되었습니다(9:26). 그러나 고난을 통하여 구원의 은혜를 더 깊이 있게 알고 느끼고 감사하게 되는 것입니다.

"고생을 해야 철든다"는 말이 있습니다. "남자는 군대 갔다 와야 어른이 된다"라는 말도 있습니다. "부모가 되어 보아야 부모의 마음을 안다"고도 합니다. 다 같은 의미일 것입니다. 고난이 없이 하나님의 구원의 은혜의 깊이를 알지 못하게 됩니다. 예수님의 십자가의 사랑을 우리가 얼마나 알 수 있게 되겠습니까? 예수님은 우리가 은혜의 수혜자만 되기를 원치 않으십니다. 우리가 온전하기를 원하십니다. 우리와 함께 경험을 나누고 공감하기를 원하십니다. 고난 가운데 믿음을 지킬 때 '더 나은 본향'을 향한 간절함을 갖게 될 것입니다. 그리고 하나님 나라의 안식과 기쁨을 더 온전하게 누리게 될 것입니다. 고난을 통해서 그리스도의 사랑을 더 깊이 있게 알게 하시고 주님을 더욱 닮아가게 하십니다. 그러니 고난도 은혜의 방편이 되는 것입니다.

이 모든 일에 예수님은 '구원의 창시자'가 되셨다고 히브리서 저자는 말합니다(2:10). 여기서 '창시자'로 번역된 말은 헬라어로는 **아르케고스**입니다. 이 단어는 두 가지 의미를 가지고 있습니

---

10 Cf. Ellingworth, 162-163.

다. 앞에서 이끄시는 분(지도자, 대장, 머리)이란 뜻과 완성하고 끝을 내시는 분(저자, 설립자)이란 의미도 있습니다.[11] '창시자'로 번역한 것은 후자의 의미를 택한 것으로 보입니다. 그러나 영문 번역에는 이 두 가지 의미가 함께 사용됩니다. ESV는 founder로, NASV와 NIV는 author로 번역하였습니다. 그러나 NRSV는 pioneer로, NLT는 leader로 전자의 의미로 번역하고 있음을 봅니다. 예수님은 우리의 구원의 창시자이며 저자가 되십니다. 그러나 본문의 문맥을 참고하여 보면 개척자, 리더 또는 대장으로 이해하는 것도 적절해 보입니다.[12] 예를 들어, 2:10에서 예수님은 '많은 아들들을 이끌어 영광에 들어가게' 하신다고 하였습니다. 이것은 전쟁에서 승리한 장군이 군사들을 이끌고 돌아오는 모습을 배경으로 합니다. 또한 예수님도 이 구원을 이루실 때 자신이 직접 그 고난에 참여하여 사람들과 같이 되시고, 죽음을 이기셔서 승리하신 분이십니다. 단지 구원의 창시자로 계신 것이 아니라 이 구원의 일에 그 백성을 대신하여 함께 참여하시고, 고난을 겪으시고 결국은 승리하신 구원의 대장이 되신 것입니다. 이것이 히브리서가 보여주는 대제사장이신 예수님의 모습입니다.

저자는 **아르케고스**란 이 독특한 단어를 12:2에서 다시 사용

---

11 BDAG, 138.
12 Cf. O'Brien, 104-107; Ellingworth, 160-161.

하십니다. 12:1에서 '믿음의 주요 또 온전케 하시는 이'라고 할 때 '주'라는 말로 번역된 단어가 **아르케고스**란 단어입니다. 여기도 본문의 배경은 경주장에서 경주하는 선수들의 모습입니다. 관중석에는 구름같이 허다한 믿음의 증인들이 있습니다. 먼저 믿음의 길을 걸어간 사람들입니다. 그리고 그 가운데 '믿음의 주요 또 온전케 하시는 이인 예수님'이 계신 것입니다. 그리고 2절에서 예수님도 이미 '그 앞에 있는 기쁨을 위하여 십자가를 참으사…하나님 보좌 우편에 앉으신' 분이라고 설명합니다. 즉, 예수님도 이미 믿음의 경주장에서 직접 뛰셨으며 이미 승리하셨기 때문에 우리는 그 예수님을 본받아서 믿음의 경주에서 승리해야 한다는 것입니다. 이런 문맥에 의해서 '믿음의 주'라는 표현을 보면 '믿음의 리더' 또는 '믿음의 대장' 되신 분으로 번역하는 것이 더 적절할 것입니다.

이것을 자세하게 살피는 이유는 히브리서 저자가 보여주려고 하는 예수님이 어떤 분이신지를 알기 위한 것입니다. 히브리서 저자는 예수님이 우리를 구원하기 위해서 자신을 대속물로 내어 주셨을 뿐 아니라 그 십자가의 고난을 걸어가심으로 모든 성도의 삶의 모범이 되어 주셨다는 것을 강조하려는 것입니다. 즉, 예수님이 고난을 통해서 온전하게 되신 것처럼 성도들도 이 땅의 고난을 믿음으로 이김으로 온전하게 되고, 하나님이 약속하신 그 안식으로 들어가게 된다는 것입니다. 이것이 믿음의 도리라는 것입니다. 그러므로 고난은 이상히 여겨야 할 것이 아니라 마땅한 것입니다. 예수님께서 고난을 당하신 것이 마땅하고 합당한 일이 듯이(2:10, 17) 우리도 고난을 통하여 완전하게 되는 것을 마땅히 여겨야 합니다. 예수님께서는 하나님의 아들이심에도 우리와 혈과 육이 같은 사람이 되셨고, 우리의 형제라 부르시기를 부끄러워하지 아니하셨는데(2:11) 고난에 대한 우리의 자세는 어떠합니까?

예수님은 단지 신앙의 모델이 되시기 위해서 고난을 당하신 것이 아니라 고난 가운데 있는 성도들의 고통을 마음으로 이해하시고, 실제적으로 그들을 도우시기 위해서 그가 고난을 당하신 것입니다(4:15; 2:18). 고난 당하는 성도를 어떻게 도우십니까? 먼저는 하나님의 아들이신 예수님이 우리와 같이 사람이 되시고, 우리가 당하는 모든 고난을 친히 담당하셨다는 사실 자체가 얼마나 큰 위로와 은혜입니까? 동병상련이라는 말이 있습니다. 같은 병을 가진 사람이면 서로의 고통을 알고 그래서 위로가 되는 것입니다. 무슨 말을 하지 않아도 위로가 되는 것이죠.

제 아내는 대학을 다닐 때 아버지를 먼저 하늘나라로 보냈습니다. 신발 가게를 하셨는데 침입한 강도의 흉기에 맞고 쓰러져서 과다 출혈로 그날 저녁에 돌아가셨습니다. 아침에 "아빠 바이, 저녁에 봐요"라고 하며 헤어졌는데 저녁에는 아버지의 시신을 보게 된 것입니다. 저와 결혼하기 전이었지만 옆에서 함께 그 힘든 과정을 견디는 것을 보았습니다. 그래서 아내는 상을 당한 사람을 심방할 때 위로를 잘해요. 그 마음을 자기가 알기 때문입니다.

상을 당하신 분들도 제 아내가 겪은 일을 알기 때문에 곁에서 손만 잡아주어도 그냥 위로를 받아요. 당신들보다 더 큰 아픔을 겪으면서 아버지를 먼저 보낸 경험을 했기 때문입니다.

여러분에게는 지금 어떤 고난이 있습니까? 그러나 기억하시기 바랍니다. 예수님이 우리의 고통과 아픔을 다 아십니다. 왜냐하면 우리가 당하는 모든 시험을 그분이 친히 겪으셨기 때문입니다(4:15). 그리고 이기신 분이십니다. 그분이 우리와 함께 계시다는 것, 자체가 힘이 되는 것입니다.

둘째로 우리가 시험을 당할 때 실제적으로 우리를 도와주십니다. 우리는 남의 고난을 이해하고 동정할 수는 있지만 그들의 문제를 해결해주지 못할 때가 많습니다. 암 투병을 하고 있는 성도들에게 제가 할 수 있는 것은 많지 않습니다. 사업 때문에 힘들어하는 성도들에게 제가 도울 수 있는 것은 없습니다. 어떻게 할 도리가 없어서 안타까울 때가 정말 많습니다. 그러나 예수님은 우리를 도우실 수 있습니다.

사람이 당하는 가장 큰 어려움, 가장 큰 두려움이 무엇일까요? 죽음입니다. 죽음의 두려움입니다. 그런데 예수님께서는 먼저 죽음을 당하셨습니다. 그리고 그 죽음을 이기셨습니다. 또 다른 두려움이 무엇입니까? 마귀의 시험입니다. 예수님께서는 마귀의 모든 시험을 이기시고 그 권세를 무너뜨리셨습니다. 우리를 그들의 손에서 해방시켜 주셨습니다(2:14-15). 그러니 어떤 시험에서도 우리를 건지시고 도우실 수 있는 능력을 가지신 분입니다. 그리고 이제 하나님 보좌 우편에서 항상 살아계셔서 우리를 위해서 간구하고 계시는 신실하고 자비로운 대제사장이십니다 (7:25).

다윗과 골리앗의 싸움을 생각해 봅시다. 모든 이스라엘 백성들은 골리앗의 기세에 눌려서 벌벌 떨고 있었습니다. 욕하고 비방하는 소리를 듣고만 있었습니다. 그런데 그 전쟁터에 사무엘에게 '기름 부음 받은' 다윗이 나타납니다. 그가 나가서 골리앗을 이김으로 말미암아 블레셋 군대는 전의를 잃고 도망하게 됩니다. 이스라엘 백성들이 한 일은 다윗을 따라가면서 전리품을 챙기는 일뿐이었습니다. 다윗이 대장 되어서 나가서 싸워서 골리앗을 이김으로 그 백성에게 승리가 주어진 것입니다. 그가 그 백성을 구원하고 영광으로 인도한 것입니다.

마찬가지로 우리 구원의 대장 되신 예수님께서 앞서 나가서 싸우셨습니다. 성문 밖의 십자가에 달리심으로 죄와 사망의 권세에서, 마귀의 권세에서 우리를 해방시켜 주셨습니다(13:12). 그가 우리 구원의 대장 되어 이기심으로 우리를 이끌어 영광에 들어가게 하신 것입니다. 그러므로 우리는 여전히 이 예수님을 의지할 수 있고, 또한 계속해서 의지해야 합니다.

예수님의 영광이 보이지 않는다고 불평하십니까? 사람과 동일한 모습을 가지고 십자가에 달려 돌아가신 예수님만 보인다고 낙심하여 계십니까? 왜 예수님이 천사보다 못하게 되시고, 왜 고난을 당하셨는지를 생각해 보아야 한다는 것입니다. 우리의 믿음이 흔들릴 때, 세상의 권력과 힘에 휘둘려서 힘이 들 때, 우리가 너무나 약하여 넘어질 때 우리가 보아야 할 것은 고난 당하셨지만, 이기신 예수님이십니다. 이분이 우리를 능히 도와주실 것입니다.

2. 권면: 예수를 깊이 생각하라(3:1)

성도는 이 예수님과 함께 '하늘의 부르심을 받은 거룩한' 사람들입니다. 그리스도께서 우리를 형제로 여겨주시고 함께 하늘의 상속자가 되게 하셨습니다. 그러므로 고난 가운데 성도가 해야 할 일은 무엇입니까? '믿는 도리의 사도이시며 대제사장이신 예수를 깊이 생각'하는 것입니다. 고난 가운데 있는 성도들이 해야 할 것은 어떤 구원의 대체물을 찾는 것이 아닙니다. 다시 예수님의 구원의 도리를 붙드는 것입니다. 예수님이 이루신 놀라운 구원의 일을 더 알아가는 것입니다. 깊이 있게 이해하는 것입니다. 초보적인 지식에만 머물지 말고 그리스도의 구원 사역에 대한 더 깊이 있는 지식으로 나아가야 합니다(5:11-14). 바울이 그에게 주어진 달려갈 길을 마치고 믿음을 지킬 수 있었던 비결이 무엇이었습니까? 그는 뒤에 있는 것은 잊어버리고 오직 예수 그리스도를 아는 지식을 더 얻기를 원했고 그 안에서 발견되기를 소원했습니다(빌 3:8, 13-14). 그리스도의 부활의 권능과 그 고난에 참여함을 알고자 했고 그의 죽으심을 본받아 어떻게 해서든지 죽은 자 가운데서 부활에 이르려고 노력했습니다(빌 3:10, 11). 오직 힘 주시는 그리스도 안에서 어떠한 환경에서도 자족할 수 있었고, 믿음을 지킬 수 있었던 것입니다(빌 4:12, 13).

우리는 이 세상에서 여전히 고난을 당하고 있습니다. 유혹도 있습니다. 고난 가운데서 그리스도를 바라보시기 바랍니다. 고난을 당하심으로 온전케 되신 예수님을 깊이 생각하시기 바랍니다. 우리와 함께하기를 기뻐하시며 여전히 우리를 도우실 것입니다. 하나님께서 그리스도를 그 고난에서 건지시고 영광과 존귀로 관을 씌우신 것처럼(2:9) 그를 믿고 의지하는 성도들도 반드시 영광으로 이끌어 가실 것입니다.

VI. 모세보다 더 나은 신실하신 하나님의 아들 예수(3:2-19)

1. 논증: 모세보다 더 나은 신실하신 하나님의 아들 예수 (3:2-6)

이제 히브리서 저자는 신실한 대제사장이신 예수님을 소개하면서 그분의 신실함을 첫 언약의 중보자였던 모세와 비교하여 설명합니다. 모세는 모든 이스라엘 백성들이 가장 존경하는 인물입니다. 모세는 하나님의 종으로 언약을 세웠으며 하나님의 신실한 종이었습니다. 그런데 예수님은 모세보다 '더욱 영광을 받을 만한' 분이십니다. 왜냐하면 모세는 단지 하나님의 집에서 '종'으로 섬겼지만(3:5) 예수님은 집 주인의 아들임에도 신실하게 순종하셨기 때문입니다. 모세의 율법에도 축복이 약속되어 있다면 그 율법의 실상이신 예수님과 그가 이루신 구원을 붙들고 있는 사람에게는 더 큰 약속의 축복이 있을 것입니다. 그러므로 그리스도 안에 있는 '소망과 확신과 자랑을 끝까지 굳게 잡고 있으면' 우리가 그의 집 곧 성전이 되는 것입니다(3:6). 예수님을 믿는 성도의 공동체가 이제는 하나님이 거하시는 '성전'이 되는 것입니다. 그러므로 우리는 더 이상 예루살렘에 있는 성전으로 나가서 동물의 피로 제사를 드릴 필요가 없습니다. 그럴 필요가 없습니다. 예수 그리스도 안에 있는 믿음을 붙들고 있으면 바로 우리가 그의 '영원한 성전'이 되기 때문입니다. 그리고 이제는 그리스도의 이름으로 하늘에 있는 하나님의 성소로 담대하게 나갈 수 있는 '새로운 살 길'이 우리에게 열려 있기 때문입니다(히 10:19, 20).

2. 권면: 그의 음성을 순종하라(3:7-19)

그러므로 신약의 성도들이 해야 할 일이 무엇입니까? 예수님의 음성을 듣고 순종하는 것입니다. 히브리서 저자는 다윗의 시편 95편의 말씀을 인용하면서 성도들을 권면합니다. 광야 시대 모세가 전하는 하나님의 말씀을 듣지 않고 마음을 완악하게 하여 불순종한 자들은 광야에서 하나님의 심판을 받았습니다. 그리고 다윗의 시대에도 여전히 그 안식에 들어갈 약속이 있음을 상기시킵니다. 다윗의 시대 사람들에게 안식에 들어갈 약속이 있었다면 신약의 성도들에게도 여전히 그 약속은 유효합니다. 그들의 '오늘'은 지금도 계속되고 있습니다(3:13). 그러므로 우리는 광야의 이스라엘 백성이 믿지 않고 마음을 강퍅하게 하고 순종하지 않았던 죄에 빠지지 말아야 한다는 것입니다. 이들을 반면교사로 삼고 배교의 길로 가지 말 것을 당부합니다.

　신약의 성도들도 여전히 광야와 같은 삶을 살아가고 있습니다. 그러나 신약 성도의 차이가 무엇입니까? 신약의 성도들은 이미 죄에서 깨끗하게 되었고, 죄 용서함을 맛보았습니다. 더 좋은 언약의 중보자가 되신 대제사장 예수 그리스도의 은혜가 그들과 함께 있습니다. 그가 연약한 자를 돕고 고난을 당하는 자를 온전하게 이끌어 가실 것입니다. 부활의 첫 열매 되신 예수님을 알고 있습니다. 이제 우리에게 말씀하시는 분은 모든 만물의 주권자이시며 그 만물을 마지막으로 심판하실 예수님이십니다.

　그렇기 때문에 우리에게는 더 중한 책임이 있다는 것을 잊지 말아야 합니다. 모세의 음성을 거역한 자들이 광야에서 죽었는데 그 아들의 음성을 거역한 자들은 어떻게 되겠습니까? 그러므로 우리는 그의 음성을 들을 때 마음을 완고하지 않게 하고 순종의 자리로 나아가야 합니다(3:15). 그것이 믿음의 길이며 하나님의 보좌 앞으로 나가는 길입니다. 이 순례의 여정이 아직 끝난 것이 아닙니다. 영원한 영광과 멸망의 갈림길이 '오늘'이라고 하는 지금 우리 앞에 늘 있기 때문입니다.

VII. 나가면서

강의를 마무리해야겠습니다. '시대'는 변해도 '세상'은 변치 않습니다. 초대교회의 성도들이 당면했던 현실은 21세기를 살고 있는 우리의 현실이기도 합니다. 보이지 않는 영원한 하나님의 나라를 소망하며 이 세상을 믿음으로 살아가는 것은 쉽지 않은 도전입니다. 광야의 길을 걸어가는 것 같은 고통이 있습니다. 시험도 있고, 환난과 박해도 있습니다. 세상 즐거움의 유혹도 있습니다. 무엇인가 확실한 소망, 내 손에 지금 붙들 수 있는 어떤 약속의 대가를 기대하는 것은 모든 사람의 바람일 것입니다.

그런 신앙의 도전 앞에 선 성도들에게 이 위대한 설교자는 다시 복음을 외칩니다. 다시 예수 그리스도를 소개합니다. 더 깊이 예수님을 알기를 원합니다. 그리고 그가 당하신 고난의 의미를 알기를 원합니다. 우리에게 고난을 허락하시는 이유는 우리로 하여금 완전하게 하시는 하나님의 뜻임을 잊지 말라고 합니다. 찬송가 391장은 이렇게 노래합니다.

메마른 땅을 종일 걸어가도 나 피곤치 아니하며

저 위험한 곳 내가 이를 때면 큰 바위에 숨기시고
그 손으로 덮으시네

그렇습니다. 우리의 대제사장 되신 예수께서 우리를 도우실
것입니다. 피하게 하실 것입니다. 그분을 바라보면서 그분이 당
하신 고난과 그분이 이루신 구원의 영광을 바라보면서 오늘도
광야와 같은 길을 믿음으로 걸어가기를 바랍니다. 예수님께서 우
리를 지키시고 인도하실 것입니다. 왜냐하면 그분은 영원한 하나
님의 아들이시기 때문입니다. 그리고 그분이 만물을 그의 손에
붙들고 계시기 때문입니다.

'들어갈 안식'을 향한 여정과
'온전케 됨'

—

신웅길

I. 개요

히브리서 4장에서는 3장에서 시작된 광야 세대의 불순종에 대한 이야기가 이어집니다. 특히 '들어갈 안식'이 현재의 성도들에게 남아있다는 사실을 통해 그들이 걸어가는 믿음의 여정에서 바라봐야 할 것과 요구되는 것이 무엇인지 알려줍니다. 이 여정에서는 한 편으로 과거를 바라보며 광야 세대의 실패의 의미를 배워야 하고, 다른 한 편으로는 미래를 바라보며 그들이 들어갈 목적지에 대하여 확신해야 합니다(4:1-13). 광야 세대의 실패가 보여주는 것처럼 이 여정에는 불순종과 불신의 도전이 존재합니다. 그렇기 때문에 그들이 굳게 의지하여야 할 대상인 예수가 누군지 아는 것이 중요합니다. 이에 따라 예수는 우리의 연약함을 동정하는 큰 대제사장, 때를 따라 돕는 은혜를 주기 위해 죽음을 통과한 대제사장으로 소개됩니다(4:14-5:10). 그런데 이 대제사장은 아들이라도 고난을 통과하는 순종을 통해 온전하게 되신 데 반하여, 히브리서의 독자들은 단단한 음식을 먹지 못하고 온전함으로 나가지 못하고 있는 상황입니다. 심지어 이 상태는 그리스도의 은혜를 저버리는 배교의 위험까지 내포하고 있었습니다(5:11-6:8). 그럼에도 불구하고 히브리서 저자는 믿음의 여정 끝에 약속된 기업을 독자들이 끝까지 붙잡기를 격려합니다. 이 약속의 확실성은 자기보다 더 큰 이가 없는 하나님 자신의 맹세를 통하여 보증되었고, 그 길은 영원한 제사장인 예수가 앞서 가서 그들을 위해 열어놓았기 때문입니다(6:9-20).

이와 같은 4-6장의 대략적인 내용에 대해서 1) '들어갈 안식', 2) 온전케 됨과 제사장, 3) 배교의 위험, 4) 소망의 확실성이라는 네 가지 주제를 통해 조금 더 자세히 살펴보겠습니다.

II. '들어갈 안식'

광야 세대의 실패는 신약뿐 아니라 구약의 다양한 저자들이 다시 방문하는 중요한 이야기입니다(예를 들어, 신 6:16-19; 시 95:8-11; 106:13-27; 고전 10:1-5를 읽어보세요). 이 실패의 이야기를 담은 구약의 기록 중에 히브리서 저자는 특히 시편 95편에 관심을 갖습니다(히 3:7-11, 시 95:7-11). 광야 세대의 실패를 '내 안식에 들어가지 못할 것'이라고 표현하는 것이 바로 이 시편입니다(95:11). 이 표현은 광야 세대가 약속의 땅에 들어가지 못할 것임을 천명한 여호와의 맹세를 생각나게 합니다(민 14:23). 그러나 이 표현의 의미는 몇 가지로 더 확장될 수 있습니다. 처음으로 생각할 수 있는 것은 약속의 땅을 유업(혹은 기업)으로 생각하여 그것을 '안식'이라고 부른 전통입니다. 이것은 신명기 12:9-10에서 나타나는데 이 땅을 얻기 위한 모든 전쟁을 마치고 그 땅에서 평안히 거주하는 상태에서 엿볼 수 있습니다. 두 번째로 생각할 수 있는 것은 약속의 땅이 하나님과 함께 거주하는 곳이기 때문에 성소의 개념과 연결된다는 것입니다.

그래서 시편 132:5-14(특히 13-14절)은 약속의 땅에 있는 시온을 동시에 하나님의 '안식'의 거처로 여겼습니다. 이런 배경을 생각해 볼 때 시편 95:11에서 광야 세대의 실패를 '내 안식에 들어오지 못할 것'이라고 표현한 것은 단순히 지리적 의미를 넘어서, 하나님이 거하는 평강과 예배의 거처에 참여할 수 있는 백성의 특권을 잃는 것과 상관있습니다.

히브리서는 시편 95편이 내포하는 '안식'의 이런 중대한 의미를 신약 성도들의 믿음의 여정을 그려내기 위하여 가져옵니다. 이 그림에서 보면 성도들은 현재 믿음의 여정 중에 있으며 그 여정의 목적지가 '들어갈 안식'입니다. 이렇게 성도들은 여정 중에 있기 때문에 그들의 위치가 가지는 의미를 아는 것이 중요합니다. 성도들의 위치와 관련된 세 가지 사실을 함께 살펴보겠습니다.

1. 과거-현재-미래 사이의 시간 안에 있는 성도들

성도들의 위치를 보여주는 첫 번째 특징은 그들이 과거-현재-미래라는 시간 속에 있다는 것입니다. 시편 95편을 인용할 때 히브리서 저자가 보여주는 한 가지 사실은 과거의 사건으로 언급된 '안식에 들어가는' 문제가 현재의 성도들에게도 직접적으로 연관된다는 것입니다.

4:1 그러므로 우리는 두려워할지니 그의 안식에 들어갈 약속이 남

　　　아 있을지라도 너희 중에 혹 이르지 못할 자가 있을까 함이라

4:3 믿는 우리들은 저 안식에 들어가는도다

4:11 그러므로 우리가 저 안식에 들어가기를 힘쓸지니

　　4:1에서 '그의 안식'(4:1)이라고 말할 때 이것은 문맥상 바로 앞 3장에서 인용한 시편 기자의 시점에서 언급된 '내 안식'(3:11)을 지시합니다. 그럼에도 불구하고 이 안식에 들어가는 것은 동시에 '믿는 우리'(4:3) 곧 히브리서 독자들의 현재의 목적으로도 나타납니다. 과거 광야 세대의 경험이 시편 기자의 시점을 넘어서 히브리서 저자의 시점까지 확장되고 있는 것이지요.

　　또한 성도들의 현재의 여정은 미래의 목적과 불가분으로 연결되어 있습니다. 그래서 미래에 있을 일인 '안식에 들어가는 것'은 현재형 동사(εἰσερχόμεθα; 4:3)로 표현되면서 성도들의 현재의 여정이 확장되어 이루어질 일임을 보여줍니다. 이와 비슷하게 성도들의 여정은 미래의 완성을 향한 지금의 분투가 됩니다("저 안식에 들어가기를 힘쓸지니"(4:11)).[1]

　　이런 시간적 확장과 관련하여 히브리서 저자가 해결해야 할 한 질문이 있습니다. 그것은 광야 세대 실패 이후 여호수아를 통

---

1 εἰσερχόμεθα은 미래형 혹은 현재형으로 읽는 것이 다 가능하다. 주석가들의 다른 선택에 대해서는 Paul Ellingworth, *The Epistle to the Hebrews*. NIGCT (Grand Rapids: Eerdmans, 1993), 246을 보라.

해 이스라엘이 가나안에 입성했는데, 아직도 '들어갈 안식'이 남아있는가라는 문제입니다. 이 문제는 우선 시편 95편의 저작 시점을 여호수아 시대와 비교함을 통해 대답하였습니다. 여호수아의 가나안 땅 입성이 하나님이 주시는 '안식'의 완성이라면(히 4:8) 왜 많은 시간이 흐른 후 다윗의 시점에 의거한 '오늘'(히 4:7)이라는 날에 '들어갈 안식'에 대하여 다시 말하였는가?(히 4:8) 이에 대한 저자의 대답은 "안식할 때가 [아직도] 하나님의 백성에게 남아있기 때문이다"입니다(히 4:9). 그는 여호수아 이후 세대인 시편의 독자들에게 '안식'에 들어갈 일이 남아있다면 자신의 서신의 독자들에게도 이 미래의 소망이 공통적으로 남아있다고 생각한 것이지요.

흥미롭게도 히브리서 저자는 미래의 소망에 대한 더 근본적인 근거를 하나님의 창조 이야기에서 발견합니다. 저자는 시편 95:11(칠십인역으로는 94:11[2])에 나오는 '안식'(κατάπαυσις)을 창세기 2:2의 "그가 하시던 일을 일곱째 날에 마치시니 그가 하시던 모든 일을 그치고 일곱째 날에 안식하시니라(κατέπαυσεν)"에 나오는 '안식'과 함께 병렬합니다(히 4:3-4).[3] 제칠일은 창세기 2:2에

---

2 히브리서 저자가 기본적인 구약의 본문으로 칠십인역과 같은 헬라어 구약을 사용했을 것에 대한 높은 개연성은 George H. Guthrie, "Hebrews," in *Commentary on the New Testament Use of the Old Testament*, ed. G. K. Beale and D. A. Carson (Grand Rapids: Baker Academic, 2007), 922-923을 보라.

3 이런 해석의 근거로 Wiliam L. Lane은 유사한 단어들을 가진 본문들을 상호적인 빛으로 해석하는 랍비 유대교적 해석 방법인 gezera shawa를 제시한다. *Hebrews 1-8*,

따르면 창조주의 모든 창조의 일들이 완성된 날입니다(συνετέλεσ
εν ὁ θεὸς ἐν τῇ ἡμέρᾳ τῇ ἕκτῃ τὰ ἔργα αὐτοῦ; 칠십인역). 그러므로
이날이 그가 그의 모든 일에서부터 안식한 날이 됩니다(κατέπαυσ
εν ἀπὸ πάντων τῶν ἔργων αὐτοῦ). 이를 근거로 하여 히브리서 저자
는 시편 95:11의 '들어갈 안식'이 궁극적으로 지시하는 것은 하
나님이 **세상을 창조할 때부터 그 완성으로서 준비한 것**이라고 이해
합니다. 그래서 그는 4:3에서 "내 안식에 들어오지 못하리라"라
는 시편 말씀을 언급한 후 곧바로 이와 대비되게 "그러나 그의
일들은 세상의 창조 때부터 완성된 것이라"(καίτοι τῶν ἔργων ἀπὸ
καταβολῆς κόσμου γενηθέντων)라고 말하는 것입니다. 이런 대비를
통해 히브리서 저자는 단순히 가나안 땅이라는 장소를 초월하여
창조의 완성을 통해 제시된 근본적이고 우주적인 '안식'의 상태
가 존재함을 말하고자 한 것입니다. 창조의 일을 완성한 후 있었
던 하나님의 안식이 성도가 믿음의 여정을 완성하고 누릴 안식의
원형으로 제시되고 있는 것이지요. 좀 더 명시적으로 말한다면,
"그의 안식에 들어간 사람은 하나님이 그의 일들에서부터 안식한
것처럼 그의 일들에서부터 안식"합니다(히 4:10). 성도가 종말론
적으로 누릴 안식은 하나님이 태초에 누린 안식의 원형에 뿌리를
두고 있는 것입니다.[4]

WBC 47a (Dallas: Word, 1991), 99를 볼 것.

4 이는 구약과 유대교 전통에서 protology와 eschatology가 종종 연관되어 나타나는 것
  과 유사하다 (e.g., 사 51:3). James D. G. Dunn, *Jesus Remembered* (Grand Rapids:

성도의 믿음의 경주를 바라보는 히브리서 저자의 시간적 관점은 매우 광대했습니다. 그는 창조—광야 세대—다윗의 시편 시점—독자들의 현재—종국의 때라는 거대한 시간의 구조 속에 독자들의 경주를 위치시키고 있습니다. 그래서 믿음의 여정 끝에 있는 '안식'은 단순히 일을 쉬는 정도의 것이 아니라 창조 때부터 준비된 과정의 종국적인 성취에 참여하는 일이 됩니다. 히브리서 저자의 이런 거시적인 관점을 공유하게 되면 성도들은 자신의 현재의 경주가 얼마나 큰 우주적 드라마 속에서 일어나는 일인지 알게 될 것입니다.

2. 구약·신약의 공통적인 (불)순종의 이야기 안에 있는 성도들

성도들의 위치를 보여주는 두 번째 특징은 그들이 공통적인 불순종의 위험 속에 있다는 것입니다. 광야 세대의 이야기를 사용하면서 히브리서 저자는 '그들과 같이 우리도 복음 전함을 받은 자이나'(ἐσμεν εὐηγγελισμένοι; 4:2)라는 말을 합니다. 이런 표현을 생각하면, 히브리서 저자는 광야 세대가 경험한 사건을 자신의 독자들이 복음 전함을 받은 사건과 동질적인 것으로 여긴 것 같습니다. 옛 세대나 현 세대 모두 '하나님의 백성'(5:9)이라는 큰 범주 속에 있기 때문에 그들 각자가 하나님의 말씀에 순종해야

Eerdmans, 2003), 485.

할 요청을 '복음'에 반응하는 것이라고 동일하게 부를 수 있었나 봅니다. 그런데 이런 공통적인 요청과 관련하여 제기되는 질문은 "도대체 광야 세대가 실패한 이유는 무엇이며, 현재의 성도들은 왜 아직도 유사한 실패의 위험에 놓여 있는가"입니다.

우선, 광야 세대가 안식에 들어가지 못한 이유에 대하여 반복적으로 말하는 것은 믿음 · 순종과 상관이 있습니다.

4:2 들은 바 그 말씀이 그들에게 유익하지 못한 것은 듣는 자가 믿음과(τῇ πίστει) 결부시키지 아니함이라[5]

4:6 순종하지 아니함으로 말미암아(δι‡ἀπείθειαν) 들어가지 못하였으므로

4:11 누구든지 저 순종하지 아니하는 본(ὑποδείγματι… τῆς ἀπειθείας)에 빠지지 않게 하려 함이라

조금 더 구체적으로, 광야 세대의 실패에 나타나는 불신 · 불순종에 대하여 히브리서 저자는 몇 가지 중요한 관찰을 하고 있습니다. 첫째, 히브리서 저자가 주목하고 있는 것은 이 일이 **마음**(καρδία)**의 수준**에서 일어난다는 것입니다. 사실 이것은 저자가 인용하는 시편 95(칠십인역 94)편이 광야 사건을 해석하는 데서

---

[5] 더 주요한 사본적 증거는 "그들이 들은 자들의 믿음에 동참하지 않았기 때문이라"(μὴ συγκεκερασμένους τῇ πίστει τοῖς ἀκούσασιν)라는 독법을 선호한다.

먼저 나타납니다. 시편은 광야 세대의 상태를 '완고해진 마음'(μὴ σκληρύνητε τὰς καρδίας ὑμῶν; 칠십인역 시 94:8 // 히 3:8)과 '미혹되는 마음'(πλανῶνται τῇ καρδίᾳ; 칠십인역 시 94:10 // 히 3:10)으로 보여줍니다. 히브리서 저자는 이런 시편의 해석을 유지할 뿐 아니라 이에 더하여 그것이 '죄의 기만에 의하여 완고해지는' 것(σκληρυνθῇ ... ἐξ ὑμῶν ἀπάτῃ τῆς ἁμαρτίας; 히 3:13)이라고 설명합니다. 현재의 성도들에게 일어날 수 있는 문제도 이와 비슷하게 '믿지 아니하는 악한 마음을 품고 살아계신 하나님에게서 떨어지게' 되는 것입니다(ὑμῶν καρδία πονηρὰ ἀπιστίας ἐν τῷ ἀποστῆναι ἀπὸ θεοῦ ζῶντος; 3:12). 문제의 원인이 마음의 수준에서부터 존재하기 때문에 히브리서 저자는 그리스도가 이루신 일도 성도의 마음의 수준에서 변화를 일으키는 것이라고 보았습니다. 그래서 하나님의 말씀이 인간의 약함을 드러내는 수준도 마음에서 일어나는 생각들과 의향들에 있습니다(4:12). 이에 따라 그리스도의 제사가 이루는 일도 소와 염소의 제물이 할 수 없는 것, 즉 '양심을 정결케 하는 것'(9:9, 14)입니다(이 부분에 대한 자세한 논의는 9장의 설명을 보시기 바랍니다).

둘째, 광야에서의 거역을 통해 나타난 불신 · 불순종의 또 다른 특징은 백성의 길을 인도하시는 하나님의 관여와 선하심에 대하여 시험(πειρασμός; πειράζω)한다는 것입니다. 시편 95편은 광야 세대의 불신 · 불순종이 하나님과의 관계적 측면을 가지고 있어서, 그의 관여와 선하심에 대한 시험(πειράζω)을 동반했다고 보고 있습니다(95:9 // 히 3:9). 시편 95:8이 언급하고 있는 맛사·므리바 사건에 대한 출애굽기 17장의 서술을 보면 그 정황을 좀 더 추론할 수 있습니다. 광야 세대는 사실 여호와가 지시한 대로 길을 따라갔는데 마실 물이 부족했고(출 17:1), 이로 말미암아 모세가 그들을 죽게 한다고 불평하게 되었으며(17:3), 궁극적으로는 하나님이 이 백성과 함께하는지 시험하는 움직임이 일어나게 됩니다(17:7). 이런 정황은 광야의 불순종이 단순히 물질적인 부족 자체에만 기인하는 것이 아니라 그런 악조건이 하나님이 그 백성을 인도하는 길에서 일어났기 때문이라는 것을 알게 합니다. 즉, 불신·불순종의 이슈에는 백성이 하나님이 지시한 길을 걸어갈 때 그 길의 악조건으로 말미암아 발생하는 하나님과의 관계적 문제가 있다는 것입니다.

이런 관계적 측면은 시편 95편이 맛사·므리바 사건을 해석할 때 강하게 나타납니다. 이는 시편 저자가 그 사건을 목자와 양들의 관계 그림 안에서 제시하는 것을 통해 보여집니다.

7   그는 우리의 하나님이시요 우리는 그가 기르시는 백성이며 그의 손이 돌보시는 양이기 때문이라 너희가 오늘 그의 음성을 듣거든

8   너희는 므리바에서와 같이 또 광야의 맛사에서 지냈던 날과 같이 너희 마음을 완악하게 하지 말지어다

시편 저자는 처음에 하나님과 백성 사이의 관계를 목자와 양 사이의 것으로 보여줍니다(v. 7a). 그리고 나서 언급하는 '너희가 오늘 그의 음성을 듣거든'(v. 7b)이라는 말은 7a절과 8절 사이의 다리 역할을 합니다. 백성은 '그의 손이 돌보시는 양'이기 때문에 (v. 7a) 양들처럼 목자의 음성을 들을 것으로 기대됩니다(v. 7b). 그런데 동시에 그의 음성을 듣는 것은 광야 세대 시험의 중심 문제이기도 합니다. 그래서 '오늘 그의 음성을 듣거든'(v. 7b) 성도들은 광야 세대의 불신 · 불순종을 재연하지 말아야 합니다. 즉, 히브리서 저자는 "음성을 듣는다"는 모티브를 통해 광야 세대의 불순종의 문제를 목자와 양의 관계 속에서 양들이 목자의 음성에 반응하는 모습으로 다시 그려내고 있는 것입니다. 목자는 물이 없는 기간에 물과 목초가 있는 곳으로 양들을 이끌기 위해 그들을 부르고 인도합니다. 이런 그림의 빛으로 보면, 광야 세대의 실패는 현재의 부족을 통과해서 결국 물과 목초로 양들을 이끄는 목자의 존재와 선함에 대한 관계적 실패를 함축하는 일이었습니다.

히브리서 저자의 관점에서 볼 때, 구약의 광야 세대와 신약의 성도들은 모두 공통적인 (불)순종 이야기로 연결됩니다. 둘 다 마음의 수준에서 불순종 · 불신의 문제를 다루어야 하며, 둘 다 백성의 길을 인도하시는 하나님의 관여와 선하심에 대한 시험을 넘어야 합니다. '안식'에 들어가는 하나님 백성의 여정에서 이 문제는 피할 수 없는 것으로 본 것입니다. 그렇다면 그는 이렇게 불가피한 문제를 어떻게 해결하려고 했을까요? 믿음의 여정 속에서 성도의 분투를 돕는 대제사장에 대한 이야기가 바로 이 문제를 다룹니다.

3. 성도의 분투와 제사장과의 관계

믿음의 여정 속에서 성도들의 위치를 보여주는 세 번째 특징은 그들의 여정을 돕는 제사장과의 관계에 있습니다. 구약의 광야 세대 이야기가 히브리서 3-4장을 통해 제시될 때 주목할 만한 구조 하나가 있습니다. 그것은 광야 이야기 전후에 나타나는 대제사장 예수에 대한 언급입니다.

3:1 우리의 믿는 도리의 사도이시며 대제사장이신 예수를 깊이 생각하라

3:2-6 그리스도와 모세와의 비교

3:7-4:11 광야 세대 이야기와 들어갈 안식

4:12-13 숨은 생각과 뜻을 드러내는 하나님의 말씀

4:14-16 그러므로 우리에게 큰 대제사장이 계시니 승천하신 이 곧 하나님의 아들 예수시라… 때를 따라 돕는 은혜를 얻기 위하여 은혜의 보좌 앞에 담대히 나아갈 것이라

이런 구조가 어렴풋이 지시하는 것은 구약의 광야 이야기를

인용하는 목적이 그것을 통해 성도들에게 단순히 직접적 경고를 하는 것이 아니라 광야 세대의 실패 이야기가 대제사장인 그리스도를 통하여 현재의 성도들에게 의미를 갖게 한다는 것입니다. 이런 틀 속에서 광야의 실패 이야기는 현재의 성도들이 자신의 연약을 돕는 제사장에게 더욱 나아가야 할 이유를 제공합니다. 과거의 광야 세대와 현재의 성도들이 공유하고 있는 어려움은 마음의 수준에서 일어나는 연약함임을 이미 살펴보았습니다(히 3:8, 10, 12). 이런 마음의 연약을 있는 그대로 적나라하게 드러내는 것이 하나님의 말씀인데(히 4:12), 이에 대하여 과거 광야 세대는 들은 말씀을 믿음으로 반응하지 못했습니다(4:2). 이와 유사하게 그 말씀은 히브리서를 읽는 독자들의 마음속도 적나라하게 드러내는데(4:12-13), 이런 상황에서 신자들이 믿음의 고백을 굳게 잡을 수 있는 것은 그들의 연약함을 동정하는 제사장이 있기 때문입니다(4:14-15).

광야의 세대가 거역과 불순종의 길을 걸어간 것과는 반대로 이 제사장은 자신의 순종을 통하여 시험을 통과했습니다(2:18; 4:15). 그러므로 광야 세대의 시험과 불순종의 이야기는 한편으로 현재의 성도들도 자신의 연약함으로 인해 그들처럼 넘어질 수 있다는 적나라한 진실을 상기시키지만, 다른 한편으로는 같은 종류의 시험을 통과하여 순종한 대제사장을 의지해야 할 절대적인 필요를 지시합니다. 그래서 '들어갈 안식'에 대한 광야 세대의 이야기는 히브리서 독자들이 스스로 헤쳐나가야 할 유사한 역경으로만 제시되는 것이 아니라 그들의 분투에 똑같이 동참하는 대제사장을 통해 마주 대해야 할 시험으로 제시되는 것입니다.

4. 요약: '들어갈 안식'이란?

광야 세대의 이야기를 통해 보여준 '들어갈 안식'은 사실 히브리서 전체에 나타나는 세계관과도 상관이 있습니다. 히브리서는 보이는 세계와 보이는 것을 넘는 세계 사이의 긴장 관계를 지속적으로 인지하고 있습니다. 보이는 물리적 세계로서의 '땅과 하늘'은 '옷과 같이 낡아질 것'이고(1:10-12), 영속적이지 않은 '진동하는 것들'입니다(12:27). 이에 반해 '장차 올 세상'(2:5)은 '더 나은 본향… 곧 하늘에 있는 것'(11:16)으로 말미암아 이루어질 '흔들리지 않는' 영속적인 것입니다(12:28). 히브리서 3-4장은 이런 세계관이 지시하는 곳이 성도의 여정의 목적지, 즉 궁극적으로 '들어갈 안식'과 같은 것임을 보여줍니다. 이를 위해 시편 95편에 나타난 광야 세대의 이야기와 창세기에 나타난 하나님의 창조와 쉼의 이야기를 연결한 것입니다.

이런 믿음의 여정 속에 있는 성도들의 위치에 대한 세 가지 특징들에서 살펴본 대로, 1) 성도들은 '안식에 들어가기 위하여' 현재의 믿음의 분투가 필요하고, 2) 과거 광야 세대를 통해 배운 것처럼 마음의 수준에서 일어나는 불신과 불순종의 약함을 대하여야 하며, 3) 이를 위해 이미 같은 종류의 시험을 통과한 대제사장을 절대적으로 의지해야 합니다. 그렇다면 이 대제사장은 어떻게 우리를 도울 수 있을까요?

III. 온전케 됨과 제사장

히브리서 저자는 이미 3장에서부터 대제사장의 필요성을 보여주었는데, 우리에게 대제사장이 필요하다면 이 제사장의 특징 또한 보여주어야 합니다. 그래서 그는 5-10장의 긴 지면을 통해 우리에게 있는 제사장의 특징을 설명하고 있습니다. 4-6장만을 다루는 저의 논의는 이 부분에서 특히 중요하게 나타나는 '온전하게 됨'의 의미가 대제사장과 어떻게 관련되었는지에 집중하겠습니다.[6]

개역개정 성경이 '온전하게 함 · 됨'(2:10; 5:9; 7:19, 28; 9:9; 10:1, 14; 12:23), '온전함을 이룸'(11:40), '장성한'(5:14), '완전한 데'(6:2), '온전함'(7:11), '온전한'(9:11), '온전케 하시는 이'(12:2)로 번역한 단어들은 어근인 τελειο-를 공유하는 동족어(cognate)들입니다.[7] 이 단

---

6 이 제사장을 묘사하는 5:14-16에서는 앞으로 전개될 이 제사장의 특징들을 미리 보여준다. '큰'을 통해 1-2장에서 이미 보여주었던 아들의 우월성이 그의 제사장 됨과 연결되고, '승천하신 이'(혹은 '하늘을 통과하여 가신 이')를 통해 이 제사장이 들어간 곳은 모형이 아닌 하늘 자체(히 9:24)라는 것이 예고된다. 이러한 제사장의 존재로 말미암아 성도들은 레위 계통의 제사장의 제한된 접근이 아니라 '때를 따라 돕는 은혜'라는 담대한 성격의 도움을 얻는다(4:15).

어들은 히브리서 전체에서 반복적으로 나타나면서 중요한 신학적 특징을 형성합니다. 그래서 바나바스 린다스(Barnabas Lindars)라는 신약학자는 히브리서에서 이 단어들이 전체적으로 형성하는 개념을 '하나님의 구원 계획의 완성 상태'로 이해합니다.[8] 이런 전체적인 개념화가 도움이 되는 것이 사실이지만, 이와 함께 염두에 두어야 할 것은 이 개념이 또한 다양한 측면들을 가지고 사용된다는 것입니다. '온전하게 됨'이라는 개념이 어떤 식으로 나타나는지 따라가 보겠습니다.

1. 구약이 이루지 못한 참된 실체의 실현

'온전하게 함 · 됨'이란 개념은 첫째로 구약의 시대(예를 들어, 율법과 레위 계통의 제사)에 표상되었으나 이루지 못한 것을 궁극적이고 참된 실체를 통해 실현하는 것과 관련되어 있습니다. 그래서 이 둘의 비교를 통하여 예수가 드린 제물의 우월성을 설명할 때 τελειο-단어들이 반복적으로 나타납니다(이 부분에 대한 자세한

---

7 가장 빈번하게 나타나는 것은 동사형인 τελειόω이다(2:10; 5:9; 7:19, 28; 9:9; 10:1, 14; 12:23). 개역 개정 성경은 '온전하게 하다'로 일괄적으로 번역한다. 명사형은 추상명사인 τελειότης(6:1; 개역개정 6:2)는 '완전한 데'로 번역하였고, τελείωσις(7:11)는 '온전함', 행위자를 나타내는 τελειωτής(12:2)는 '온전케 하시는 이'로 번역하였다. 형용사형인 τέλειος는 '장성한'(5:14) 혹은 '온전한'(9:11)으로 번역하였다.

8 Barnabas Lindars, *The Theology of the Letter to the Hebrews* (Cambridge: Cambridge University Press, 1991), 44.

내용은 7-9장의 설명을 참조하세요).

7:11 레위 계통의 제사 직분으로 말미암아 온전함(τελείωσις)을 얻을 수 있었으면

7:19 율법은 아무 것도 온전하게(ἐτελείωσεν) 못할지라

7:28 율법 후에 하신 맹세의 말씀은 영원히 온전하게 되신(τετελειωμένον) 아들을 세우셨느니라

9:9 현재까지의 비유니 이에 따라 드리는 예물과 제사는 섬기는 자를 그 양심상 온전하게(τελειῶσαι) 할 수 없나니

9:11 손으로 짓지 아니한 것 곧 이 창조에 속하지 아니한 더 크고 온전한 (τελειοτέρας) 장막으로 말미암아

10:1 해마다 늘 드리는 같은 제사로는 나아오는 자들을 언제나 온전하게(τελειῶσαι) 할 수 없느니라

10:14 한 번의 제사로 영원히 온전하게 하셨느니라(τετελείωκεν)

2. 예수 자신이 통과한 과정

둘째, 이런 제사를 이루기 위하여 예수 자신이 통과한 것을 또한 온전케 됨이라고 부릅니다. 이러한 사용은 이미 히브리서 2:9-10에서 나타나고 있습니다. 여기에서 그리스도를 천사와 비교할 때 '천사들보다 잠시 동안 못하게 하심을 입은 자'가 죽음의 고난을 통과했다고 말하고 있는데, 이것은 '많은 아들들을 영

광에 들어가게 하기' 위함입니다. 이렇게 그리스도가 대속적인 고난을 통과하는 것을 히브리서 저자는 하나님께서 '구원의 창시자를…온전하게 하심'(τελειῶσαι; 2:10)이라고 이미 2장에서 언급합니다.

5장에서는 이런 고난의 통과를 그리스도의 독특한 대제사장 되심과 연결하는 것을 주목하기 바랍니다. 히브리서 저자는 예수가 아론과 같은 레위인 계통에서 출생하지 않았지만(cf. 7:14) '아론과 같이 하나님의 부르심을 받아'(5:4) 제사장이 되었다고 확신합니다. 흥미롭게도 그는 예수가 제사장으로 소명되는 것을 보여주는 구약의 본문으로 일반적으로 왕적 메시아의 지명이라고 이해되는 시편 2:7을 인용하고 있습니다("너는 내 아들이니 내가 오늘 너를 낳았다": 히 5:5). 메시아 신분과 대제사장직의 이런 교차는 바로 전에 '이와 같이 그리스도께서 대제사장 되심도'(5:5)라고 말하는 데서 명시적으로 나타납니다. '그리스도'라는 명칭은 고유명사적으로 사용될 때가 많지만 그 명칭 자체에 하나님의 임명의 의미를 담고 있음을 고려할 수 있습니다.[9] 히브리서 1-5장에서 오직 세 번만 '그리스도'(즉, 메시아)라는 명칭이 나타나는데, 5:5에서는 그 명칭을 사용하면서 '그리스도께서 대제사장 되심'이라고 천명하고, 바로 이어서 유대교와 초대교회에서 왕적 메시아 본문으로 익숙하게 여겨진 시편 2:7를 인용하고 있습니다.[10] 이

---

9 Lane, *Hebrews*, 118.
10 히 1:5에서 삼후 7장과 시 2:7을 함께 사용하는데, 유대의 메시아적 소망 속에서 이 둘은 종종 함께 나타난다(e.g., 4QFlor 10:11, 18-19).

것은 히브리서 저자에게 있어 '그리스도'(메시아)의 개념을 이해하는데 '대제사장'의 역할이 중요했음을 보여줍니다(예를 들어, '고난받는 메시아'라는 개념을 받아들이기 어려웠던 당시의 종교·사회적 환경에서 이 '메시아'가 '대제사장'의 역할을 수행한다고 이해하면, 설명할 수 없는 그의 죽음을 메시아의 역할로 볼 수 있는 경로가 열리게 됩니다).

이런 배경에서 시편 2:7의 인용 후 곧바로 시편 110:4 "네가 영원히 멜기세덱의 반차를 따르는 제사장이라"라는 말을 인용하는 이유가 무엇일까 궁금합니다. 시편 2:7 자체가 제사장적 메시아를 보여주는 본문으로 사용된 유대교적 예를 찾기 쉽지 않다는 것과[11] 같은 시편을 히브리서 1:3-5에서 그리스도의 승귀(昇貴)를 보여주는 상황에서 사용한 것을 생각하면, 시편 2:7의 인용 자체는 그리스도의 메시아적 승귀를 보여주는 것으로 보입니다. 그런데 바로 이어지는 시편 110:4의 인용을 통해 히브리서 저자는 그 메시아적 승귀가 바로 영원한 멜기세덱 반차(班次)의 제사장직 수행을 위한 것이라고 연결하는 것이지요.[12] 히브리서 저자는 죽음과 부활을 통해 승귀한 예수의 모습을 통하여 아론의 반차에 속하지 않았음에도 불구하고 아론처럼 하나님의 소명에 의

---

11 쿰란공동체에서 제사장적 메시아 사상이 있었던 것은 많이 언급된다(Kenneth E. Pomykala, "messianism," *The Eerdmans Dictionary of Early Judaism*, ed. John J. Collins and Daniel C. Harlow [Grand Rapids: Eerdmans, 940-941]). 그러나 이 개념을 위해 시 2:7가 사용되는 것은 쉽게 찾아지지 않는다.

12 Donald Guthrie, *The Letter to the Hebrews*, TNTC (Leicester: Inter-Varsity Press, 1983), 127-128.

하여 대제사장이 되고, 아론의 반차를 넘어 영원한 제사장이 된 메시아(그리스도)를 발견한 것입니다. 이런 의미에서 **예수의 고난은 영원한 대제사장이 되기 위한 메시아의 과정**인 것입니다('멜기세덱의 반차를 따르는 제사장'이라는 언급은 5:6, 10; 6:20에서 반복적으로 나타나는 중요한 개념이지만, 7장에서 더욱 자세하게 설명될 것이므로 4-6장을 다루는 현 논의에서는 이 이상으로 다루지 않겠습니다).

이렇게 그리스도가 대제사장으로 임명되는 과정에 필요했던 것이 죽음에 이르기까지의 순종이었습니다. 특히 히브리서 저자는 바로 이 과정을 그리스도가 참 제사장이 되기 위하여 온전케 되신 것이라고 부릅니다(5:7-8). 저자는 이런 순종의 모습을 그리스도의 겟세마네 기도에서 발견합니다. 승귀한 그리스도가 영원한 제사장이라는 선언(5:6) 뒤, 저자가 곧바로 주목하는 것이 예수의 죽음 전에 드려졌던 겟세마네 기도입니다: "그는 육체에 계실 때에 자기를 죽음에서 능히 구원하실 이에게 심한 통곡과 눈물로 간구와 소원을 올렸고 그의 경건하심으로 말미암아 들으심을 얻었느니라"(5:7). 이 언급을 통해 히브리서 저자는 그리스도의 죽음을 두 가지 빛에서 해석하고 있습니다. 첫째, 그의 죽음은 '아들이시면서도 고난으로 순종함을 배워 온전하게 되는' 과정(5:8)이었다는 것이며, 둘째, 그의 이런 순종으로 말미암아 그 자신이 '자기에게 순종하는 모든 자에게 영원한 구원의 근원'(5:9)이 되었다는 것입니다. 즉, **그리스도의 죽음은 영원한 대제사장이 되기 위해 온전케 되는 과정**이었던 것입니다. 히브리서 저자는 구약의 제사법을 따라 이루지 못한 것을 영원한 제사장이 이루는 것을 온전케 함이라고 부를 뿐 아니라 이런 온전케 함을 이루기 위하여 그리스도 본인이 통과한 길도 온전케 됨이라고 보여줌으로써, '온전함'의 복합적 의미들을 구속사의 큰 그림 안에서 통합하고 있습니다. 이제 이런 그림 속에서 '온전함'은 성도들도 참여하기 위해 나아가야 할 상태로 제시됩니다.

3. 성도들이 나아가야 할 과정

예수가 고난 가운데 순종을 통하여 온전하게 되어(τελειωθείς) 도달한 상태를 "영원한 구원의 근원이 되었다"라고 히브리서 저자가 부른 것(5:9)을 기억하실 것입니다. 이는 자신의 온전하게 되심이 이후의 성도들에게 미치는 영향을 보여주는 말입니다. 이와 비슷한 관계가 2:10에도 언급됩니다: "많은 아들들을 이끌어 영광에 들어가게 하시는 일에 그들의 구원의 창시자(τὸν ἀρχηρὸν τῆς σωτηρίας)를 고난을 통하여 온전하게 하심(τελειῶσαι)이 합당하도다." 개역개정에서 '창시자'로 번역한 ἀρχηγὸν는 아직 열리지 않은 무언가를 개척해내고 시작하여 사람들이 그 뒤를 따라가도록 하는 사람을 말합니다.[13] 그가 고난 가운데서 온전케 됨을 통하여 길을 열었고, 이 길은 그를 따르는 자들이 걸어야 할 구원

---

13 BDAG, 138-139.

여정의 바탕이 된다는 것이지요. 이렇게 열린 길에서 중요한 것은 그리스도의 온전케 하심의 유익을 받는 사람이 그를 의지하여 유익을 누릴 뿐 아니라 그리스도가 걸었던 행보의 성격대로 구원의 길을 따라가야 한다는 것입니다. 다른 말로 한다면, 그리스도가 '온전하게' 되었으므로(5:9) 성도들을 '온전하게' 하실 수 있을 뿐 아니라(10:14), 이를 통하여 성도들도 '온전함'으로 나아가야 한다는 것입니다(6:2). 그리스도의 온전케 되심에 순종의 과정이 필요했던 것처럼 성도들이 온전함의 길을 따라가는데도 순종이 필요할 것입니다(5:9; cf. 4:11). 그래서 성도들에게 "믿음의 주요 또 온전하게 하시는 이인 예수를 바라보라"(12:2 ἀφορῶντες εἰς τὸν τῆς πίστεως ἀρχηγὸν καὶ τελειωτὴν Ἰησοῦν)고 했을 때는 단순히 지적인 관조를 이야기하는 것이 아니라 우리 믿음의 개척자를 따라 그가 우리를 온전하게 하시는 만큼 우리도 온전함의 길을 따라가도록 그를 바라보라는 것입니다.

이런 '온전함'의 포괄적인 의미 안에서 히브리서 저자는 성도들이 온전함으로 나아가도록 강청합니다. "그러므로 우리가 그리스도의 도의 초보를 버리고… 교훈의 터를 다시 닦지 말고 완전한 데(τελειότης)로 나아갈지니라"(6:1-2). 이것은 그들의 구원의 여정에서 반드시 이루며 나아가야 할 과정이어서, 성도들은 말씀의 초보를 넘어서 단단한 음식(5:12)도 먹을 수 있는 온전한(τέλειος; 5:14; 개역개정 번역은 '장성한'로 번역) 자로 반드시 성장해야 합니다. 아래에서 좀 더 자세히 보겠지만 히브리서 저자가 이해한 구원의 여정은 그리스도의 도의 기초를 통해 성도들이 온전함을 이루며 걸어가고, 그 여정의 끝에 있는 종말의 견고한 소망을 붙잡는 것입니다. 성도들은 구원의 이런 큰 그림 속에서 하나님의 구원 계획이 완성되는 '온전함'에 참여하고 있는 자들입니다.

4. 요약: '온전케 됨'이란?

히브리서에서 '온전케 됨'은 하나님의 구원 계획을 이루는 상태를 보여주는 포괄적인 개념임을 보았습니다. 특히 1) 구약 시대(율법, 레위 계통의 제사)에 표상되었으나 이루지 못한 것을 예수의 희생 제사가 실현하는 궁극적이고 참된 실체의 모습, 2) 이것을 이루기 위하여 예수 본인이 영원한 제사장으로 소명되어 고난을 통과함을 통한 순종으로 도달한 상태, 3) 성도들이 구원의 여정에서 그리스도의 도를 기초로 하여 이루어가야 할 순종의 상태를 의미했습니다.

IV. 배교의 위험

그런데 문제는 히브리서를 받고 있는 독자들이 온전함으로 나아가야 함에도 불구하고 오히려 단단한 음식을 먹지 못하는 상태에 머물고 있다는 데 있습니다. 이 상태는 심지어 그리스도의 은혜를 저버리는 배교의 위험까지 내포하는 성격을 가지고 있었습니다. 히브리서 저자는 이 문제에 대하여 한편으로는 문제가 함축하고 있는 중대성을 보여줌을 통해, 다른 한편으로는 그럼에도 불구하고 이들이 나아가야 할 길에 대한 제시와 그들에 대한 확신을 보여줌을 통해 대답합니다.

1. 독자들의 영적 상태의 근본적인 걸림돌: 고난 중의 순종

성도들이 온전함으로 나아가기를 강청할 때(6:2) 히브리서 저자가 이들의 상태를 어떻게 묘사하는지 살펴봅시다. 이들은 다른 사람을 가르칠 정도로 성장했어야 했는데 다시 말씀의 초보를 배워야 할 상황(5:12)이라고 진단됩니다. 이들이 왜 이런 상황이 되었는지 이유를 추론할 수 있을까요? 몇 가지 정황들은 이들의 영적 상태의 이유가 고난 가운데서 순종하는 것을 못 하고 있기 때문인 것으로 보게 합니다.

이렇게 추론할 수 있는 첫 번째 이유는 성도들의 '둔함'(5:11)을 언급하는 문맥에 있습니다. 5:11에서 그들의 상태에 대해 "멜기세덱에 관하여는 우리가 할 말이 많으나 너희가 듣는 것이 둔하므로 설명하기 어렵다"고 하고 있는데 이것은 예수가 '멜기세덱의 반차를 따른 대제사장'(5:10)임을 천명한 바로 다음의 언급입니다. 그리고 그 앞 절에서 예수가 멜기세덱의 반차를 따르는 제사장직으로 천명되는 데에 나타난 것이 아들이심에도 불구하고 고난을 통하여 온전하게 되었다는 것(5:8-9)이구요. 이런 문맥의 흐름을 생각하고, 5:11에 나타나는 '들음'(ἀκοή)이라는 단어가 히브리서에서 믿음 · 순종의 주제와 연결된다는 것(4:2; cf. 2:1; 3:16; 4:7)을 고려하면, 독자들이 멜기세덱을 이해하지 못하는 '둔함'을 가지고 있다고 말할 때에 히브리서 저자는 이들이 고난 가운데 순종하지 못하는 것을 부정적인 영적 상태의 원인이라고 여긴 것 같습니다.

두 번째 이유는 히브리서 저자가 '온전함'이라는 말을 독자들에게 연관시키는 모습에서 찾을 수 있습니다. 저자는 단단한 음식은 '온전한 자들'(τελείων; 5:14)를 위한 것인데, 그의 독자들이 '단단한 음식'을 먹지 못하는 수준에 머물러 있다고(5:12) 말합니다. 이는 바로 위에 언급한 그리스도의 온전함, 즉 아들이시지만 고난으로 순종함을 배워서 온전하게 되었다(τελειωθείς; 5:8-9)는 언급과 강하게 대조됩니다. 이런 대조는 이들이 성장하지 못하고 있는 상황의 중심 문제가 고난을 순종함으로 통과하지 못하는 것에 있었음을 재확인해 줍니다.

그들이 처해 있던 고난의 구체적인 성격은 무엇이었기에 이들이 쉽게 순종하지 못했을까요? 이에 대해서는 10장에서 몇 가지 힌트를 주고 있습니다. '비방과 환난으로써 사람에게 구경거리가 되고… 너희가 갇힌 자를 동정하고 너희 소유를 빼앗기는 것도'(10:33-34)라는 말은 독자들이 예전에 통과했던 고난을 묘사하고 있습니다. 이 묘사를 보면, 히브리서를 받는 시점에서 심각한 사회 · 경제적 압력과 박해가 다시 재현되고 있었을 가능성을 보여줍니다. 유사한 고난으로 인하여 현재 독자들이 교회 공동체에서 이탈하고 있었을 가능성이 보이기도 하구요. '모이기를 폐하는 어떤 사람들의 습관과 같이 하지 말고'(10:25) (성도들의 구체적인 고난의 상황에 대해서는 10장의 설명을 참고하세요). 그들의 이런 정황은 순종을 통하여 고난을 통과하는 여정을 걸을지, 아니면 이것을 피하기 위해 그리스도 복음의 도 자체를 버리고 떠날지 선택의 압력을 증대시켰던 것으로 보입니다.

2. 고난을 통과하여 온전함으로 나아감 vs 다른 선택이 내포하는 배교의 심각성

순종을 통하여 고난을 통과해야 하는데 그렇지 못하고 있는 독자들의 영적 상황은 이어지는 히브리서의 권면이 무엇인지 이해하는 데 도움을 줍니다. 6:1-2에 나오는 긴 권면의 주동사는 "온전함으로 가자"(ἐπὶ τὴν τελειότητα φερώμεθα)입니다. 이것은 그리스도의 도의 초보의 의미를 제대로 알지 못하는 상태에 머물러 있는 것에서 벗어나 온전함으로 나아가야 한다는 권면입니다. 그렇게 나아가기 위해 중요한 이슈가 고난을 순종함으로 통과해야 한다는 것이구요. 그래서 "하나님께서 허락하시면 우리가 이것을 하리라"(6:3)라고 할 때 '이것'은 독자들이 온전함으로 나가도록 추동하겠다는 저자의 의지로 보입니다.[14] 그들이 '초보 · 기초'

를 넘어(5:12; 6:1) 온전함으로 나아가도록 돕겠다는 것이지요.

그런데 여기에서 저자가 제시하는 '초보 · 기초'가 무엇인지 생각해 볼 필요가 있습니다. '기초'에 해당하는 것들은 죽은 행실에서의 회개, 하나님께 대한 믿음, 세례의 의미, 안수, 죽은 자의 부활, 영원한 심판에 대한 것인데(6:1-2), 이것들의 특징은 그것을 버렸다가 다시 새롭게 할 수 있는 성질의 것이 아니라는 것입니다. 이렇게 볼 수 있는 이유는 6:1-2의 '초보 · 기초'에 대한 리스트와 이어지는 회심에 대한 묘사(6:4-5)가 본질상 같은 성격의 것으로 보이기 때문입니다.[15]

> 6:1-2 죽은 행실을 회개함과 하나님께 대한 신앙과 세례들과 안수와
> 죽은 자의 부활과 영원 심판에 관한 교훈의 터
> 6:4-5 한 번 빛을 받고 하늘의 은사를 맛보고 성령에 참여한 바 되고
> 하나님의 선한 말씀과 내세의 능력을 맛보고

6:6에서 이런 말씀과 능력을 '맛보고도 타락한 자들은 다시 새롭게 하여 회개하게 할 수 없나니'라고 말하는 데서 나타나듯

---

14 Lane, *Hebrews*, 140.

15 6:4-5는 단순히 구원에 관한 교육을 말하는 것이 아니라 그것에 대한 깨달음으로 새롭게 된 상태를 묘사하는 것으로 보인다(Lane, *Hebrews*, 141). 그렇다면, 6:1-2에서 말한 초보/기초에 대한 것을 깨달은 상태가 6:4-5의 묘사로 나타나는 것으로 생각할 수 있다. Lane은 특별히 "다시 새롭게 하여 회개하게 할 수 없나니"(6:6)와 "교훈의 터를 다시 닦는 것"(6:2)이 상응하는 것으로 본다.

이, 히브리서 저자는 이런 초보·기초는 그것을 버렸다가 다시 얻는 것 자체가 불가능한 성격을 갖는다고 보았습니다. 그렇기 때문에 저자는 그리스도 도의 초보와 온전함으로 나아가는 것이 구원의 여정에서 서로 떼려야 뗄 수 없이 연결된 것으로 본 것 같습니다. 다른 말로 하면, 성도들은 지금 이 기초를 제대로 알지 못하는 것처럼 행동하고 있는데, 그들이 기초를 안다면 이것은 고난을 통한 온전함에 이르는 것으로 반드시 이어져야 하고, 거꾸로 고난을 피하기 위해 그들이 선택하려 하는 길은 사실 이 중대한 기초를 버리는 것을 함축하는 위험이라는 것입니다.

이것은 히브리서의 난제 중 하나인 배교의 문제를 이해하는 데 도움을 줍니다. 6:4-6에 나타나는 묘사를 통해 볼 수 있는 한 가지 사실은 저자가 그리스도를 결정적으로 떠나는 것이 함축하는 중차대한 심각성을 보여준다는 것입니다. 1-2장을 통하여 아들의 우월성과 최종성을 보여줌으로써 저자는 이미 이 아들이 받은 고난은 하나님이 구원을 위해 하실 수 있는 가장 크고 최종적인 행위임을 인식하도록 하였습니다. 그러므로 이 아들을 공개적이고 결정적으로 부인하는 것(6:6 '드러내놓고 욕되게 함')은 구원의 최종적인 근거인 십자가를 부정하는 것과 같으며(6:6 '하나님의 아들을 다시 십자가에 못 박아'), 그렇기 때문에 구원을 위해 이보다 더 큰 방법이 없는 길을 버리는 것이 됩니다. 아들이 이룬 구원의 이런 최종성으로 인해 이 초보·기초를 떠나는 것은 '다시 새롭게 하여 회개하게 할 수' 있는 방법 자체를 불가능하게 하는 일이 됩니다(6:6). 저자는 이와 같은 서술을 통하여 그리스도를 떠나는 것의 중대한 함축을 독자들이 인식하게 하고 있는 것입니다.

이렇게 히브리서 저자가 배교에 대한 준엄한 경고를 할 때 이 경고는 그가 강조하고 있는 고난을 통하여 온전케 되는 것과 깊은 관계가 있음을 알아야 합니다. 고난의 압력이 독자들에게 그리스도 도의 초보·기초를 떠나도록 만들고 있는데, 이런 '초보·기초'는 버렸다가 필요하면 다시 취할 수 있는 성격의 것이 아닙니다. 고난의 압력으로 인해 그리스도를 버리는 것은 하나님이 주는 가장 최종적인 (그러므로 그 이상의 다른 방법은 없는) 구원의 기초를 버리는 것이 되기 때문입니다. 그러므로 그들에게 필요한 것은 오히려 이런 기초의 의미를 알고 고난의 압력 속에서 거꾸로 온전함으로 나아가는 것입니다. 즉, 히브리서 저자는 배교의 위험을 넘어가는 열쇠가 성도들이 고난을 받아들임을 통해 온전함으로 나아가는 것에 있다고 이해한 것이지요.

3. 그리스도로 말미암은 온전케 됨이 배교의 위험도 넘어가도록 할 것이다

그런데 여기에서 중요한 것은 앞에서 살펴본 대로 성도들이 나아가야 할, 이 온전함은 그리스도의 온전케 됨과 깊이 연결되어 있다는 것입니다. 성도들이 온전케 됨에 있어서 근원이 되는 것은 그리스도 자신이 먼저 고난을 통과하여 온전케 되심이고,

거꾸로 그리스도 자신이 온전케 되심으로 인해서만 성도들이 온전케 됨이 가능한 것입니다. 그래서 광야 세대의 실패 이야기를 통해서도 강조한 것이 "우리에게 큰 대제사장이 계시니… 우리가 믿는 도리를 굳게 잡을지어다"(4:14)라는 것이며, 독자들이 현재 통과하고 있는 배교의 위험 앞에서도 강조한 것이 '고난으로 순종함을 배워서… 자기에게 순종하는 모든 자에게 영원한 구원의 근원이 되(신)… 대제사장'(5:9-10)인 것입니다. 이 대제사장의 순종과 온전케 됨을 통하여 열어 놓은 구원의 길에서 성도들은 이 대제사장을 힘입어 그들도 순종의 길을 배워야 하는 것입니다.

그러므로 히브리서에 나타나는 배교의 문제를 다룰 때 두 가지 특징을 특히 염두에 두어야 합니다. 첫째, 히브리서는 배교의 위험을 기계적으로 이해하지 않은 것으로 보입니다. 그리스도 도의 초보·기초를 버리는 것은 무엇보다 그들의 구원의 근원인 그리스도를 다시 십자가에 못 박는 것이기에 심각한 문제가 됩니다. 비슷하게 이 위험을 넘는 길도 그리스도와의 관계의 문제에 놓여 있어서, 죽음으로 순종한 이 대제사장을 붙잡아야만 이 위험을 넘는 것이 가능합니다. 둘째, 저자는 배교에 대한 중차대한 위험성을 부인하지 않지만, 독자들의 상황을 성급하게 단정하지 않습니다. 저자는 광야 세대의 불순종이 재연될 수 있는 성도들의 상황에 대해서 "너희 중에 혹 이르지 못하게 **보이는 자가**(δοκῇ) 없도록 하여라"(4:1)라고 말하며 그들에 대한 부정적인 판단을 약화시킵니다.[16] 또한 배교가 갖는 심각한 함축을 이야기한 후에도

'우리가 이같이 말하나 너희에게는 이보다 더 좋은 것 곧 구원에 속한 것이 있음을 확신'함(6:9)을 강조합니다. 저자는 배교의 위험이 정말 심각한 현실임을 인정하면서도 동시에 그리스도로 말미암은 온전케 됨이 성도들로 하여금 이 위험도 넘어가게 할 수 있음을 더 큰 확신으로 말하고 있는 것이지요.

V. 소망의 확실성

히브리서 저자는 독자들의 미성숙, 배교의 위험이라는 중대한 문제를 다루면서 이 문제들의 심각성을 절대 희석시키지 않지만, 궁극적으로 그가 강조하는 것은 그들 모두의 앞에 놓여 있는 소망의 확실성을 바라보는 것입니다.

이것이 얼마나 확실한지를 보이기 위해서 그는 하나님의 맹세를 가져옵니다(6:13). 이 보증의 확실성에 대하여 저자가 말할 수 있는 것은 맹세하는 자의 크심(하나님 자신; 6:13)과 맹세의 최종 확정성입니다(6:16). 그리고 이 약속의 확실성을 이미지로 형상화시켜 그리스도와 그 뒤를 이어서 성도들이 휘장 안으로 들어가는 모습을 그립니다(6:19-20). 이는 예수가 참 성소인 하늘로 들

---

16 4:1 μήποτε καταλειπομένης ἐπαγγελίας εἰσελθεῖν εἰς τὴν κατάπαυσιν αὐτοῦ, δοκῇ τις ἐξ ὑμῶν ὑστερηκέναι. 개역개정 번역은 δοκέω 동사가 가지는 이런 뉘앙스를 충분히 살리지 않고 번역하고 있다.

어가는 모습(cf. 9:24)과 교차되는데, 이것은 히브리서 전체가 보여주고 있는 세계관, 즉 보이지 않지만, 궁극적인 참 실체를 유업으로 받을 확실성을 미리 보여주는 그림입니다. 이것은 하늘에 있는 본향(11:16), 흔들리지 않는 나라(12:28) 등과도 연결되는 것이며, 이런 실체가 있다는 것을 확신함으로써 현재의 고난 속에서도 온전함을 이루며 나아갈 수(혹은 믿는 도리를 굳게 잡을 수) 있는 소망을 갖습니다. 그의 서신이 9-12장에서 더욱 선명하게 드러낼 이 세계관의 윤곽이 그리스도가 들어가시는 성소의 이미지를 통해 3-6장의 마지막에 미리 제시되고 있는 것입니다.

성도의 여정 끝에 들어갈 '안식'에 대한 약속은 그리스도가 그 성소에 들어가신 것만큼 확실한 것입니다. 성도들이 이 여정 가운데 고난 속에서도 순종을 통하여 '온전케 됨'을 이루도록 그리스도는 그들을 위하여 앞서 그 성소에 들어갑니다.

VI. 맺으며

히브리서를 구성하는 큰 두 축은 하나님의 최종적 계시인 아들이 누구인가와 성도들의 믿음의 여정입니다. 그래서 이 둘 사이의 관계를 깨닫는 것이 책 전체를 이해하는데 아주 중요합니다. 지금까지 함께 살펴본 4-6장의 키워드 '들어갈 안식'과 '온전케 됨'은 바로 이 둘이 어떻게 연결되는지 잘 보여줍니다. 한 편으로 '들어갈 안식'은 광야 세대의 이야기에서부터 시작하여 지금도 유효한 성도들의 믿음의 여정과 그 목적지를 보여주었고, 다른 한 편으로 '온전케 됨'은 이 여정 속에 있는 성도들과 아들의 관계를 보여주었습니다. 아들 자신이 온전케 되었기 때문에 성도들을 온전케 할 수 있었고, 성도들은 이 여정 속에서 온전케 됨을 통해 여정의 끝까지 도달해야 합니다.

또한 '들어갈 안식'과 '온전케 됨'은 이 여정에서 믿음의 분투가 필요함을 보여주었습니다. 그래서 이 여정에 존재하는 큰 위험이 광야 세대의 실패와 배교의 유혹으로 4-6장에서 강하게 나타났습니다. 신학자이자 목회자인 히브리서의 저자는 이 중대한 문제에 대하여 기계적으로 답하지 않았습니다. 오히려 그는 온전케 하시는 대제사장을 바라볼 것과 이 여정의 목적지에 대한 확신을 통해 고난을 순종으로 넘어갈 것을 강권합니다. 히브리서 저자의 이런 접근은 지금도 우리에게 유효합니다. 믿음의 길은 단순한 '종교적 취사선택'이 아니라 하나님이 줄 수 있는 가장 큰 것, 즉 아들을 주심을 통해 만든 관계 속에 거하는 것입니다. 그래서 믿음의 여정을 끝까지 걸어가는 일의 중대성은 1세기 성도들이나 21세기의 우리나 똑같이 이 관계의 중대성 속에서 이해되어야 합니다. 앞으로 7-13장을 읽으시면서 히브리서가 보여주는 이 여정의 특징과 이 여정을 이끄는 그리스도를 더욱 깊이 만나기 바랍니다.

대제사장과 희생제물로서의 그리스도

—

이상명

I. 들어가는 글

히브리서의 신학적 특색을 가장 잘 반영하는 섹션이 7-10장입니다. 이 섹션을 건축물에 견준다면 '안채'에 해당되지요. 예수님의 대제사장직에 대해 이미 기초적인 소개를 하고 있는 4:14-5:10은 '안채'(7-10장)에 이르는 진입로라 할 수 있습니다. 저자는 히브리서의 가장 중요한 신학적 논증이 시작되는 7장으로 회중을 끌고 들어갑니다. 그는 '하나님 말씀의 초보'(5:12)나 '젖'(5:12, 13)을 먹던 이들을 대상으로 이제는 '단단한 음식'(5:12, 14)에 해당하는 다소 어려운 강론을 시작합니다.

저자에게 있어 앞의 장들은 7-10장을 설명하기 위한 일종의 워밍업에 해당됩니다. 회중은 7장부터 10장까지 네 장에 걸쳐 신학적으로 난해하고, 구조적으로 복잡한 기독론 강좌를 청취하도록 초청받습니다.[1] 히브리서라는 문학적 구조물 깊숙이 자리한 안채로 청중을 안내하고 그 내부를 설명해야 하는 저로서는 적지 않은 부담을 느낍니다. 제가 길라잡이 역할을 제대로 잘할 수 있기를 바랍니다.

히브리서가 주장하는 기독론은 신약성경 전체를 통틀어 가장 독특하고 새로운 것입니다. 저자는 히브리서 7장 17절에서 다음

---

[1] Thomas G. Long, *Hebrews*, Interpretation, 김운용 역, 『히브리서』 현대성서주석 (서울: 한국장로교출판사, 2006), 159.

과 같이 증언합니다. "네가 영원히 멜기세덱의 반차를 따르는 제사장이라 하였도다." 멜기세덱의 반차(班次)를 좇는 대제사장으로서의 예수님은 기독론적 지평을 확장시키는 창의적 개념이라 할 수 있습니다.[2] 저자는 예수 그리스도가 아론의 제사장 직분보다 우월하다는 것을 강조하기 위해 시편 110편 4절을 인용하여 설명합니다. "여호와는 맹세하고 변하지 아니하시리라 이르시기를 너는 멜기세덱의 서열을 따라 영원한 제사장이라 하셨도다." 이것은 창세기 14장 18-20절에 갑자기 나타났다가 홀연히 사라진 멜기세덱을 유일하게 언급하고 있는 구약성경의 구절입니다. 신약성경에서는 히브리서만 그를 언명하고 있지요. 창세기에 묘사된 멜기세덱의 이야기를 읽어볼까요.

> 살렘 왕 멜기세덱이 떡과 포도주를 가지고 나왔으니 그는 지극히 높으신 하나님의 제사장이었더라 그가 아브람에게 축복하여 이르되 천지의 주재이시요 지극히 높으신 하나님이여 아브람에게 복을 주옵소서 너희 대적을 네 손에 붙이신 지극히 높으신 하나님을 찬송할지로다 하매 아브람이 그 얻은 것에서 십분의 일을 멜기세덱에게 주었더라(14:18-20).

---

2 '반차'(班次)란 신분이나 등급의 차례를 의미합니다. 이 단어에 해당하는 헬라어 단어는 '탁시스'(τάξις)인데 특정 직무를 행하는 차례, 즉 직무상 위계를 가리키는 데 사용됩니다. 히브리서에서는 제사장 직무를 행하는 '신분의 차례'라는 의미에서 한자어 '반차'로 번역되었습니다.

그렇지요. 멜기세덱은 '지극히 높으신 하나님의 제사장'입니다. 그는 구약성경에 언급된 첫 제사장이며 시내산에서 세워진 아론 계열의 제사장들보다 수백 년 앞서 있습니다. 히브리서에서 멜기세덱은 장차 오실 새 대제사장 예수 그리스도의 예표입니다.

이런 독특한 예수님의 이미지를 제시하는 저자의 의도는 전통적 율법주의와 유대적 제사의식을 그리워하여 옛 의식으로 회귀하려는 일부 유대 그리스도인들을 설득하기 위함이었습니다.[3] 그리스도인이 된 후, 옛 제사의식으로 회귀하는 것은 십자가에서 완성된 그리스도의 구속을 헛되게 함으로써 교회를 심각한 위기에 빠트립니다. 이것은 배교에 대한 엄중한 경고(6:4-6)와도 관련이 있습니다. 그들이 옛 유대 제사의식으로 돌아가려는 근본 이유는 세례 받음으로써 과거 지은 죄에 대해 용서의 확신은 가졌지만, 그 이후 지은 죄로 인해 그 확신 속에 머물지 못하고 양심의 가책으로 고통 당하고 있었기 때문입니다.[4] 즉, 세례 후 지은 죄(post-baptismal sins) 문제는 히브리서의 독특한 기독론, '대제사장 기독론'이 배태된 주요 요인이 됩니다.

이러한 문제에 직면하여 저자는 그리스도의 희생이 과거의 죄는 물론 현재의 것도 사한다는 것을 가르치기 위해 대제사장 기독

---

3 Raymond Brown, *The Message of Hebrews*, 김현회 역, 『히브리서 강해』 (서울: IVP, 2000), 156.

4 Barnarbas Lindars, *The Theology of the Letter of the Hebrews*, 김진현·이상웅 공역 『히브리서의 신학』 (서울: 솔로몬, 2002), 34.

론을 주장합니다. 이 기독론을 설파하기 위해 저자는 7-10장을 정교한 다섯 편의 설교로 건축합니다. 첫 번째 설교(7:1-8:13)는 멜기세덱의 반차를 따르는 예수 그리스도의 제사장직을 다룹니다. 두 번째 설교(9:1-15)는 제사장적 예배에 있어서 옛것과 새것을 구분하여 대조합니다. 세 번째 설교(9:16-28)는 옛 언약에 있어서 희생 제사를 통한 정결과 예수님의 죽음을 통한 정결을 비교합니다. 네 번째 설교(10:1-18)는 제사장 사역에 있어서 옛것과 새것의 차이를 논합니다. 마지막 설교(10:19-39)는 새 언약의 예배에 대해 가르칩니다. 처음 네 편의 설교는 옛 제사장직에 요구되는 것들과 새롭고 더 높은 제사장직에 요구되는 사항들을 연이어 열거합니다. 저자는 다섯 편의 설교를 통해 다음과 같은 메시지를 우리에게 전합니다. "옛날의 제사장직, 옛날의 법, 옛 언약, 옛날의 제사 제도를 보시오. 그리고 그것들을 새로운 제사장직, 새로운 법, 새로운 언약, 예수님의 영원한 희생 제사와 비교해 보시오."[5] 저자는 결국 7-10장에서 구약성경의 제사장 제도는 예수 그리스도 안에서 마지막에 이르렀고 완성되었음을 주장합니다. 이제 이 다섯 편의 설교를 따라 7-10장의 내용을 구체적으로 살펴보겠습니다.

---

5 Long, 『히브리서』, 160.

II. 멜기세덱의 반차를 따르는 대제사장 예수 그리스도 (7:1-8:13)

저자는 7장 전반부(1-10절)에서 멜기세덱을 집중 조명하다가 후반부가 시작되는 11절부터 논점의 방향을 하나님의 아들 예수 그리스도에게로 돌립니다. 이 섹션에서 저자는 예수 그리스도의 대제사장직을 논증하기 위해 그를 멜기세덱과 병행시키지만 레위 계열의 제사장과는 대척점에 둡니다. 예수 그리스도와 멜기세덱의 공통점은 '영원한 제사장'직에 있습니다.[6] 이런 논점을 7장 후반부에서 개략적으로 다루는 저자는 8장부터 보다 본격적이고 구체적으로 논증합니다.

멜기세덱은 누구입니까? 예수님의 제사장직이 그의 반차를 따른다(7:17) 했을 때, 이것의 정확한 의미는 무엇입니까? 이 섹션을 이해하기 위해 우리가 필히 물어야 할 질문들입니다. 성경은 우리가 질문하는 만큼 답합니다. No question, no answer입니다. 성경을 인격적으로, 영적으로 대화하는 파트너라 생각하시기 바랍니다. 저자는 7장에서 본격적으로 멜기세덱을 논하기 전, 그에 대해 이미 세 차례나 언급하고 있습니다(5:6, 10; 6:20). 그 이름을 어원적으로 풀이하면 '멜렉'(melech)은 '왕'을, '체데크'(zedek)는 '의' 혹은 '정

---

6 '영원성'이란 '불멸성, 생명, 확실성, 거룩함, 죄 없음 그리고 온전함 등의 개념'을 포괄합니다. 조재천, 『히브리서』(서울: 홍성사, 2016), 137 참조.

의'를 뜻하여 '의의 왕'이 됩니다. 7장 2절에 나와 있는 대로 그는 '살렘(즉, 예루살렘)의 왕'이기도 합니다. '샬롬'(*shalom*)은 '평화'를 뜻하니 그는 '평화의 왕'입니다. 그런데 저자는 7장 3절에서 유대인들에게는 다소 충격적일 수 있는 주장을 합니다. 전통적으로 왕은 유다 지파에서, 제사장은 레위 지파에서 대를 이어 계승하는 법인데 멜기세덱은 제사장인 동시에 왕이지만 레위 지파 출신이 아닙니다. 공식적으로 제사장 직책이 생겨난 것은 모세 시대에 장막(성막)이 완공된 이후였습니다. 모세의 형 아론이 처음으로 제사장 직책을 받은 사람이었고 이 직책은 율법에 있어 결격 사유가 없으면 장자가 대를 이어 종신토록 사역하는 세습직이었습니다(출 29:29; 레 21:16-23; 민 25:11-13).

제사장이 공식적 직책으로 이스라엘 역사 전면에 등장하기 전, 멜기세덱이 왕이면서 동시에 제사장직을 수행했다는 것은 베일에 가려진 그의 생애만큼이나 우리의 호기심을 자극합니다. 족보를 중시하는 이스라엘의 전통을 생각하면 '아버지도 없고 어머니도 없고 족보도 없고 시작한 날도 없고 생명의 끝도 없는'(7:3) 멜기세덱을 하나님의 아들, 예수 그리스도와 닮은 제사장으로 소개하는 저자의 주장은 신선하다 못해 놀랍습니다. 멜기세덱은 역사 무대의 등장과 퇴장 그리고 생애의 모든 면에 있어서 신비롭고 초월적 면모를 지닌 인물입니다. 이것은 예수님의 제사장적 직무의 본질을 정확히 규명하는 데에 중요합니다. 멜기세덱의 반차를 따르는 제사장직이 종료되었다는 기록이 없으므로 이 직분은 여전히 유효합니다. 저자는 예수님이 이런 멜기세덱의 반차를 따라서 우리의 대제사장이 되셨음을 강조합니다. 그는 나아가 창세기 14장 18-20절과 시편 110편 4절을 멜기세덱의 반차를 따르는 제사장이 레위적 제사장보다 우월하다고 주장하는 7장 11-28절의 증거로 삼습니다. 시간을 초월하는 듯한 제사장 멜기세덱의 이력은 그의 반차를 잇는 예수님의 제사장직 성격을 논증하는 근거가 됩니다. 이렇듯 멜기세덱은 그리스도를 이해하기 위해 배치된 안내 표지판에 해당됩니다.7 유대 민족의 아버지 아브라함은 멜기세덱에게 십일조를 드렸고 그로부터 축복을 받습니다(7:4-10). 이로써 아브라함은 멜기세덱의 제사장직을 추인한 것입니다. 이 이야기에서 멜기세덱은 아브라함이라는 구약성경의 걸출한 인물을 배경 삼아 더욱 빛납니다.

저자는 창세기 14장의 내용을 근거로 멜기세덱이 레위와 그의 모든 후손은 물론 아브라함보다 월등함을 주장합니다. 이런 우월함의 근거는 아브라함을 위해 멜기세덱이 복을 빌어준 사실에 있습니다(7:1, 7). 멜기세덱과 레위는 기능에 있어 동일합니다. 그러나 존재의 위계는 현격히 다릅니다. 전자는 '산다고 증거를 얻은 자'(불멸)이지만 후자는 '죽을 자'(필멸)입니다. 창세기 내러티브와 시편 110편 4절에서 저자는 멜기세덱의 인격과 생애 속 전조되고 예고된 새 제사장직이 레위적 제사장직을 대체할 것이라는 사실을 발견

---

7 조재천, 『히브리서』, 129.

합니다. 선 굵은 멜기세덱 생애를 둘러싼 짙은 침묵에도 불구하고 그를 유일하게 언급하는 창세기와 시편의 내용에 기대어 레위 지파에 속한 아론의 반차가 아닌, 멜기세덱의 반차에 속한 대제사장으로 예수님을 소개하는 저자의 신학적 해석의 탁월함이 크게 돋보입니다. 이런 점에서 히브리서 저자를 제사복음서 저자 요한과 이방인의 사도 바울과 함께 신약성경의 대표적 신학자 반열에 올려놓습니다.

레위 지파나 아론 계열의 제사장적 사역이 영적으로 효과적이었다면 하나님이 멜기세덱의 반차를 좇는 또 다른 제사장을 보내실 필요는 없었을 것입니다. 여러분이 아시다시피 예수님은 레위 지파가 아닌 유다 지파에 속하신 분이며 그 지파에 속한 남자들은 제사장 직분에 임명될 수 없지요(7:13-14). 구약의 율법에 따르면 예수님은 제사장 자격이 없는 분입니다. 그러나 저자는 제사장 자격은 율법이 아니라 영원하신 하나님의 뜻에 의해 결정된다고 주장합니다. 하나님은 예수님을 제사장 삼으시고 친히 '맹세의 말씀'(7:28)을 통해 그를 제사장직에 확정하셨습니다. 저자가 대제사장으로서의 예수 그리스도라는 주제를 끄집어낸 데에는 당시 유대인들과 그리스도인들 사이에 발생한 심각한 논쟁 상황을 염두에 둘 수 있습니다. 그리스도의 구원 사역이 오랜 시간 동안 신성시되어 온 제사장직과 유대교의 제사의식을 대체했다는 그리스도인들의 주장에 유대인들은 크게 반발했을 것입니다. 유대인들의 반발과 분노에 대해 저자는 멜기세덱의 반차를 따르는 대제사장 예수 그리스도를 소개함으로 유대 제사의식과 율법은 아무것도 완전케 할 수 없고 예수님만이 '더 좋은 소망'을 가져다주며 참되고 영원한 대제사장으로 온전히 신뢰할 수 있음을 변증하였습니다.

히브리서는 특히 '온전함'(τελείωσις)을 강조합니다(7:11, 19). 저자는 우리에게 예수께서 온전하게 되셨다(2:10; 5:9)고 말하며 예수님은 그의 제사장 사역을 통해 우리를 온전하게 하셨다는 표현을 사용합니다(10:14). 여기서 그가 말하는 '온전함'의 정확한 의미를 아는 것이 중요합니다. 왜냐하면 히브리서 전체를 관통하는 주제어 가운데 하나이기 때문입니다. 이 단어를 단지 윤리적 온전함으로 이해한다면 히브리서가 전하려는 의미에서 한참 멀어집니다. '완성'으로도 번역될 수 있는 '온전함'이란 단어를 통해 저자는 세상을 완성하려 애쓰고 그렇게 하는 데에 필요한 일을 하시는 하나님의 뜻과 사역을 드러냅니다.[8] 히브리서 저자는 이 단어를 하나님 계획의 완성이라는 뜻을 나타낼 때만 사용합니다.[9] 저자는 온전함을 가져오는 데에 실패한 레위적 제사장직과 그것을 성취한 예수님의 제사장직 사이의 대조를 우리가 보도록 이끕니다. 레위적 제사장직이 본질적으로 잘못되어서가 아니라 그 직책이 영원히 지속되지 않을뿐더러 앞으로 올 것을 지시하도록 하나님이 디자인하신 전체 계획의 일부이기 때문입니다.[10] '올 것'이란 다름 아닌 예수 그리

---

8 Nicholas Tom Wright, *Hebrews for Everyone*, 이철민 역, 『모든 사람을 위한 히브리서』 (서울: IVP, 2015), 105.

9 Lindars, 『히브리서의 신학』, 74.

스도의 제사장 사역 속에 새 언약의 성취를 온전히 이루려는 하나님의 뜻입니다. 저자는 시편 110편 4절에서 옛 제사장직의 온전치 못함 혹은 불완전함과 그것을 규정한 율법의 변화를 인지하였을 것입니다. 아론의 반차가 아닌 멜기세덱의 반차를 따르는 다른 한 제사장을 세워야 한다는 주장에는 율법 관련 문제가 수반됩니다. 구약성경에서 제사장직을 규정하는 것이 율법이기 때문입니다(7:11-12). 저자는 옛 제사장직과 율법이 이 시편 구절에 예언된 새 질서로 대체되었음을 확신하는 데까지 나아갑니다. 옛 제사장직, 희생 제사 그리고 속죄 제도는 하나님과의 관계에서 온전한 질서를 이루지 못합니다. 예수님의 오심과 성취로 인해 그 이전까지는 불가능했던 '온전함'을 하나님이 우리를 위해 이루신 것입니다. 예수 그리스도의 구속 사역 속에서 말입니다. 저자는 이것을 '불멸의 생명의 능력'이라 합니다(7:16). '더 좋은 소망'이라고도 말합니다(7:19).

아론의 반차를 따르는 옛 제사장직에 비견될 수 없을 만큼 대제사장 예수님의 위대함이 빛나는 것은 그분의 성품에 있습니다. 그는 우리를 위해 모든 시험을 당하셨고, 온갖 질시와 고통을 겪으셨습니다. 인간사에 횡행하는 온갖 질고를 지시고 우리의 모든 슬픔을 담당하셨음에도 굴복하지 않으셨습니다. 그는 '거룩하고 악이 없고 더러움이 없고 죄인에게서 떠나 계시고 하늘보다 높이 되신'(7:26) 분이시기에 인간 제사장들과는 판이하게 다릅니다. 레위

---

10 Wright, 『모든 사람을 위한 히브리서』, 106.

적 제사장과는 달리 죄 없으신 그리스도는 온전한 희생에 요구되는 순수한 특성을 지니고 계십니다. 아론 계열의 대제사장에 비해 새 대제사장 예수 그리스도의 우월함은 바로 최종적인 희생제물로 자기 자신을 드린 것에 있습니다(7:27). 옛 제사장들은 제단에 소나 양 또는 가루와 기름을 가져갔지만 예수님은 자기 자신을 가져가셨습니다. 예수님은 자신의 죄에 대해 희생 제사를 드릴 필요가 없었지만 '단번에 자기를 드려' 그의 백성을 위한 구원을 이루셨습니다. 옛 제사 방식을 생각해 보기 바랍니다. 어제 드렸던 희생제물은 오늘의 죄에 압도되기 때문에 제사장은 매일매일 성소로 돌아가야 합니다. 쉼 없이 고개 드는 죄와 그로 인해 반복되는 제사 시스템은 실패와 불순종을 연소하여 가는 증기 기관차와도 같습니다. 이는 반복적으로 희생제사를 드려야 하는 레위 제사 제도의 약점과 일시성을 드러내면서 그리스도가 자기 몸을 십자가에 단번에 드림으로써 이루신 희생의 충분성과 완전성을 강조합니다.[11] 대제사장이 자기 몸을 희생제물로 드렸다는 사실은 그 자체로 역설이자 반전입니다. 멜기세덱도 이런 자기희생적 면모에 있어서는 새 대제사장에 범접할 수 없습니다. 예수님의 대제사장직은 새 언약의 백성들에게 엄청난 혜택을 가져다줍니다.

　'영원한 제사장'이라는 시편 110편 4절의 말씀을 묵상한 저자

---

11 Donald A. Hagner, *Encountering the Book of Hebrews*, 이창국 역, 『히브리서의 신학적 강해』(서울: 크리스챤출판사, 2008), 147.

는 예수님이 영원하고 최종적인 제사장직을 수행하시기 때문에 영속적이고 궁극적인 구원을 중재할 수 있다 합니다(7:23-25). 옛 제사장과 새 제사장 사이에는 시간적 제한성과 영원성으로 극명한 대조를 이룹니다. 그 둘 사이에는 '많은'과 '한 분'이라는 숫자의 엄연한 차이도 있습니다(7:23-24). 레위적 제사장직은 다수입니다. 히브리서에서 수효의 많음은 충분하지 않음, 완전하지 않음, 확실하지 않음을 의미하지요(1:1; 10:1-4). 1세기 유대인 역사가 플라비우스 요세푸스(Flavius Josephus)에 따르면, 아론의 대제사장 직분의 시작에서 주후 70년 성전 예배의 종료 때까지 모두 83명의 대제사장이 취임했습니다.[12] 때가 되면 찾아오는 죽음 때문에 레위적 제사장들의 직무는 반복적으로 중단되어야 했습니다. 이와는 대조적으로 예수님은 영원하고 최종적인 제사장직을 수행합니다(7:24). 저자는 많은 제사장의 시간적 제한과 한 분의 영원성 사이의 대조를 강조합니다. 여러 가지 면에서 제약과 결점 많은 인간 제사장들과 '불멸의 생명의 능력을 따라'(7:16) 제사장이 되신 예수 그리스도는 사역의 차원에 있어 질적으로 다릅니다. 아론의 반차를 따르는 옛 제사장들은 자신의 생애 동안만 일하는 일시적 존재들이지만 예수님은 멜기세덱의 반차를 따르는 영원한 제사장입니다. 영원성은 죄와 죽음이 파괴하지 못하는 예수님만이 지니신 고유한 속성입니다.

---

12 William L. Lane, *Hebrews 1-8*, World Biblical Commentary 47A, 채천석 역,『히브리서 1-8』WBC 성경주석 47A (서울: 솔로몬, 2006), 506.

이것은 하나님께 가까이 나아가게 하는 뻥 뚫린 하이웨이와도 같습니다. 이 고속도로는 새롭고 더 좋은 언약(7:22) 위에 세워졌기에 믿음직하고 하나님께 나아갈 소망(7:19)을 갖게 합니다. 그 새로운 길, 즉 영원한 대제사장을 통해 우리는 자비와 믿음과 평화를 거침없이 구할 수 있습니다. 신실하고 영원한 대제사장은 우리의 요구에 지치거나 직무를 유기하거나 자신의 유익을 위해 우리를 희생시키는 분이 아닙니다. 저자는 7장 28절에서 레위적 제사장직과 새 제사장직 사이의 심각한 차이를 그 둘의 대조를 통해 제시합니다. 레위적 제사장직의 근거는 율법이지만 새 제사장직의 근거는 '맹세의 말씀'입니다. 전자는 사람들이지만 후자는 하나님의 아들입니다. 옛 제사장은 온전하지 못하지만 새 제사장은 영원히 온전하게 되신 것이 두드러집니다.[13] 이렇게 함으로써 저자는 8-10장에서의 보다 심화된 논의를 위한 초석을 놓습니다.

저자는 옛 레위 계열의 제사장과 새 제사장의 비교를 다룬 7장에 뒤이어 그의 관심을 장막으로 돌립니다. 그는 8장 서두에서 예수님은 계신 곳 때문에도 위대하다 선언합니다. 대제사장 예수 그리스도는 천상의 하나님 보좌 우편에 앉으셨고(1절), 그곳 장막에서 제사장 직무를 수행하고 계시기에(2-3절) 지상의 인간 제사장들과는 비교 대상조차 될 수 없습니다. 옛 제사장들은 '하늘에 있는 것의 모형과 그림자'인 성소에서 일을 하였습니다(8:5). 시내산에서

---

13 Lane, 『히브리서 1-8』, 515.

40일 동안 금식하며 모세가 하나님으로부터 받은 지상의 성소에 대한 청사진은 하늘에 있는 장막의 모형에 불과합니다(8:5).[14] '하늘보다 높이 되신'(7:26) 예수님은 그의 제사장직을 하늘의 참된 장막 혹은 성전에서 친히 행하십니다. 여기서 저자가 말한 '하늘'은 영적 차원의 하늘이 아니라 우리 인간의 영역, 즉 우리 세계(땅)와 맞물려 있는 하나님의 공간 혹은 영역입니다. 하늘의 참된 장막은 사람이 세운 것이 아니요, 주께서 세운 것입니다(8:2). 저자는 땅의 일시적 장막과 하늘의 참된 장막 사이의 대조와 함께 옛 언약과 새 언약 사이의 대조를 언급합니다. 저자는 6절에서 제사장과 제사 직무와 성소 구조를 규정하는 언약을 말합니다. 아울러 언약의 결말, 즉 그 열매가 되는 약속도 언급합니다. 언약은 하나님이 인간과 맺으신 관계에 기초한 규범을 포괄하기에 최상위 개념이고 그 아래에서 제사 직무와 약속은 언약과 부차적 관계를 맺습니다.[15] 예를 들면, 하나님이 아브라함과 맺으신 언약의 열매, 즉 약속은 이삭입니다. 시내산에서 하나님과 이스라엘 백성 사이에 체결된 옛 언약, 즉 율법은 일시적인 것이기에 우리는 새롭고 더 좋은 언약으로 나아가야 합니다. 레위 계열의 옛 제사장직과 그리스도의 새 제사장직 사이의 대조를 통해 저자는 그리스도께서 '더 좋은 약속으로 세우신

---

14 하나님이 모세에게 지시하신 장막 제작에 관한 내용은 출애굽기 25-31장에 상세히 기술되어 있습니다. 히브리서 8장 5절에 인용된 구약성경 본문은 출 25:9, 40; 26:30; 27:8; 민 8:4을 참조하기 바랍니다.

15 조재천, 『히브리서』, 142.

더 좋은 언약의 중보자'(8:6)로서 더 아름다운 직분을 얻으셨다고 주장합니다. 아울러 새 언약이 존재한다는 사실은 옛 언약의 불완전함을 반증합니다.

이런 히브리서 저자의 입장에 대해 바울은 어떤 논평을 할까요? 사도 바울은 옛 언약과 새 언약 사이의 관계를 다음과 같이 표현합니다. "믿음이 오기 전에 우리는 율법 아래에 매인 바 되고 계시될 믿음의 때까지 갇혔느니라 이같이 율법이 우리를 그리스도께로 인도하는 초등교사가 되어 우리로 하여금 믿음으로 말미암아 의롭다 함을 얻게 하려 함이라"(갈 3:23-24). 그는 율법을 예수 그리스도에게로 인도하는 초등교사라 했습니다. '초등교사'에 해당되는 헬라어 '파이다고고스'(παιδαγωγός)는 갈라디아서가 기록될 당시 로마의 귀족 자녀들이 집과 학교 사이를 오갈 때 그들을 보호하는 노예를 가리킵니다. 귀족 자녀들이 장성하게 되면 더 이상 '파이다고고스'가 필요 없는 것처럼, 그리스도의 죽으심과 부활로 체결된 새 언약의 시대가 도래하면 옛 언약, 즉 율법의 시대는 종료되는 것입니다. 속죄와 구속에 있어 옛 언약이 지닌 한시성과 무력함은 새 언약이 지닌 영속성과 강력함을 더욱 부각합니다. 율법에 관한 바울의 주장에 히브리서 저자는 맞장구칠 것입니다. 저자의 이런 호응은 8장 13절에서 공명됩니다. "새 언약이라 말씀하셨으매 첫 것은 낡아지게 하신 것이니 낡아지고 쇠하는 것은 없어져 가는 것이니라." 여기서 우리가 짚고 넘어가야 하는 것이 있습니다. 히브리서 저자도 바울도 옛 언약(율법)을 부정하는 것이 아니라 그것을 지키지 못한 인간의 잘못을 일갈합니다(8:8). 하나님 언약 안에 머물러 있지 아니한 이스라엘 백성의 잘못입니다(8:9). 책망의 대상은 율법이 아닌 언약을 위반한 이스라엘 백성이지요. 이점은 얼핏 보기에 옛 언약의 한계로 비춰질 수 있지만, 실상은 진정한 허물이 백성에게 있음을 피력합니다.

8장부터 10장까지 저자의 마음속에 자리한 구약성경의 구절은 예레미야 31장 31-34절입니다. 저자가 8장에서 언급한 '새 언약'은 선지자 예레미야의 예언에서 가져온 것입니다. "여호와의 말씀이니라 보라 날이 이르리니 내가 이스라엘 집과 유다 집에 새 언약을 맺으리라"(렘 31:31). 잠시 옛 언약의 시대를 회고해 보겠습니다. 하나님과 이스라엘 백성 사이 쌍방 간에 체결된 옛 언약을 파기한 것은 후자였습니다. 이스라엘 백성이 끝까지 그 언약을 붙잡고 있었더라면 하나님은 그들을 안전하고 쉴만한 장소로 인도하셨을 것입니다. 첫 언약이 효과가 없었기 때문에 하나님은 더 좋은 새 언약을 주셨습니다(8:7). 인간 내부와 역사 현장 도처에 똬리를 틀고서 끝없이 반복되는 죄로 인해 옛 언약은 실패의 나락으로 떨어졌습니다. 이스라엘 백성이 하나님 언약 안에 머물러 있지 않았기 때문입니다(8:9). 옛·첫 언약과는 대조적으로 '새 언약은 내적인 실체(inward reality)'입니다.[16] 새 언약은 돌비나 책에 기록된 법전이 아니라 사람들의 마음에 기록된 보이지 않는 코드입니다. 새 언약의 본질적

---

16 Long, 『히브리서』, 176.

새로움은 내용의 새로움이 아닌 방식의 새로움에 있습니다. 즉, 하나님의 뜻에 대한 인간의 응답이 지닌 내적 성향에 있습니다.[17] 중요한 것은 새 언약을 통해 마침내 모든 죄가 용서받았다는 것입니다. 우리가 붙잡아야 할 것은 '낡아지고 쇠하는'(8:13) 옛 언약이 아니라 더 좋은 새 언약의 중보자 예수 그리스도임을 다시 한번 깨우쳐 줍니다. 따라서 옛것으로 돌아가는 것은 심히 어리석은 일이며, 돌이킬 수 없는 배도입니다.

III. 제사장적 예식, 옛것과 새것(9:1-15)

앞서 옛 언약과 새 언약 사이의 대조를 논한 저자는 이제 제사장적 예식이라는 주제로 넘어갑니다. 이 섹션에서 저자는 그리스도를 하나님의 구원 경륜을 설명하는 열쇠로 제시합니다. 이를 위해 그는 우리를 옛 언약 아래 첫 성소였던 광야 장막으로 안내합니다. 언약에 옛것과 새것이 있듯, 제사장적 예식 또한 그러합니다. 옛 언약은 이스라엘 백성의 광야 성소, 즉 장막과 관련이 있고, 새 언약은 예수 그리스도의 희생(피)으로 이루어진 속죄와 관련이 있습니다. 시내산 계약을 통해 하나님은 이스라엘 민족을 자신의 백성 삼아 자신을 섬기고 예배하도록 장막을 세우게 하셨습니다. 이 장막

---

17 Lane, 『히브리서 1-8』, 537.

안에 제물을 바치는 성소를 만들었지요. 그런데 이 지상에 속한 성소는 하늘에 속한 성소와 대조를 이룹니다. 저자는 앞의 것을 '손으로 만든 성소'(24절)로, 뒤의 것을 '더 크고 온전한 장막'(11절)으로 표현합니다. 이것은 8장에서 사람이 세우지 않은, 주께서 세우신 성소(2절)와 모세가 하나님의 지시를 따라 세운 성소(5절) 사이의 대조를 상기시킵니다. 손으로 만든 지상의 성소는 그것의 실체, 즉 하늘의 영역 안 하나님이 실제로 임재하고 있는 궁극적 성소를 가리키는 표지판일 뿐입니다.[18]

저자는 1-5절에서 옛 성소의 구조와 비품들을 소개하며 우리의 관심을 지성소와 대속죄일로 돌립니다. 장막 내부 구조에 대한 정보는 앞으로 저자가 다루려는 대속죄일에 관한 도입부와도 같습니다.[19] 그는 장막 비품에 대해 자세한 소개를 생략합니다(5절). 웬만한 유대인이라면 이런 정보에 익숙했을 것이라 판단했기 때문이지요. 이것을 소개하는 것이 저자의 주된 관심 사항은 아니었습니다. 대속죄일에 대제사장은 일반 제사장들이 일하는 성소를 지나 지성소로 들어갑니다. 대제사장은 일 년에 하루만 지성소에 들어가 그곳 속죄소에 피를 뿌려 '자기와 백성의 허물을'(7절) 속죄합니다. 성소와 지성소 사이에는 그 둘을 구분하는 무거운 휘장이 있는데 이것은 일 년에 한 번이라는 횟수와 함께 옛 언약과 옛 제사의식

---

18 Wright, 『모든 사람을 위한 히브리서』, 129.
19 Brown, 『히브리서 강해』, 189.

이 지닌 접근의 제한성과 사역의 제약성을 상징합니다. 옛 언약, 옛 제사장적 예식은 우리 양심에 대해 아무런 도움을 줄 수 없습니다(9절). 옛 언약은 속죄를 위한 제사를 마련했지만, 양심까지 깨끗하게 하지는 못합니다(9:9; 10:2). 옛 언약 아래서는 여전히 고통 가운데 놓여 있을 뿐입니다. 제사 제도가 부주의나 무지로 인한 죄와 허물에는 속죄를 가능하게 하겠지만 의식적으로 반항하며 지은 죄에 대해서는 아무런 효력을 발휘할 수 없지요.[20] 예수님이 자신의 피로 드리는 제사는 우리를 구속하는 죄의 억압과 속박으로부터 벗어나게 합니다. 히브리서의 메시지가 파워풀한 이유가 여기 있습니다. 양심의 괴로움으로 고통당하고 있는 이들에게 영원한 용서의 메시지를 선언합니다. 그 선언은 하나님의 약속에 근거합니다(8:8-12). 그 죄에 관한 한 다시는 기억되지 않는다 하니(8:12) 이보다 더 좋은 특권, 더 좋은 언약이 있겠습니까?

옛 제사의식의 제한된 효력을 언급한 저자는 이제 우리에게 '장래의 좋은 일'(11절)을 전합니다. '장래의 좋은 일'이란 예수 그리스도께서 동물 희생제물의 피가 아니라 자신의 피를 가지고 하늘에 있는 더 크고 온전한 장막으로 들어가신 일과 연관 있습니다. 예수 그리스도의 피에 근거한 새 언약과 더 좋은 제사의 효력은 무엇일까요? '염소와 송아지의 피'(12절)는 제한적 효력이 있지만 '그리스도의 피'(14절)는 영원한 효력이 있습니다. 그리스도의 피가 효력에

---

20 Brown, 『히브리서 강해』, 190.

있어 탁월함은 '옛 제의가 이룰 수 없었던 일, 즉 양심의 결정적인 정결과 하나님에 대한 예배에서 모든 방해의 효과적인 제거를' 이룬 데에 있습니다.[21] 대제사장 예수 그리스도가 오시기 전에 사람의 손으로 지으신 장막에서 드린 제사도 제한된 효과가 있었습니다. 하물며 성령으로 말미암아 자기 몸을 흠 없는 제물 삼아 하나님께 바치신 그리스도는 그 피로 우리의 양심을 죽은 행실에서 깨끗하게 하고 살아 계신 하나님을 섬기게 할 수 있음을 저자가 확실한 어조로 전합니다(14절). 대제사장 예수 그리스도는 새 언약에 근거한 더 강력한 속죄제를 통해 우리에게 더욱 완전한 속죄를 허락하셨습니다. 죄가 용서받을 때 우리는 진정으로 하나님을 예배하고 자유롭게 섬길 수 있습니다. 그 어떤 제사장의 중재 없이 하나님께 직접적으로 나아가 드리는 예배가 진정한 예배입니다. 우리 양심으로부터 정결함을 받지 못한다면 하나님을 온전히 예배하는 일은 불가능할 것입니다. 우리가 죽은 행실에서 자유함을 얻고 깨끗한 양심을 가지게 되면 우리의 죄책을 벗어버리고서 하나님을 기쁘고 온전하게 섬기고 예배할 수 있습니다.[22] '새 언약의 중보자'(15절) 예수 그리스도로 말미암아 하나님은 첫 언약 때 범한 죄에서 약속의 자녀들을 구속해 주셨고 영원한 기업의 약속을 허락하셨습니다.

---

21 William L. Lane, *Hebrews 9-13*, World Biblical Commentary 47B, 채천석 역,『히브리서 9-13』WBC 성경주석 47B (서울: 솔로몬, 2006), 506.

22 Grant Osborne, *Hebrews*, Life Application Bible Commentary, 김진선 역,『히브리서』LAB 주석 시리즈 (서울: 성서유니온선교회, 2002), 226-227.

옛 언약 아래서는 온전히 이루어질 수 없는, 그리스도 안에서만 죄가 최종적으로 용서받는다는 사실, 이것이 새 언약입니다. 이보다 더한 복음이 어디 있겠습니까?

IV. 희생과 정결(9:16-28)

저자는 9장 전반부(1-15절)에서 새 언약에 따른 예수 그리스도의 대제사장 직분이 옛 언약에 근거한 대제사장 직분보다 더 뛰어나며 완전하다 주장합니다. 그 근거로 세 가지를 듭니다. 첫째, 그리스도께서는 모세가 지은 장막보다 '더 크고 온전한 장막'으로 들어가셨습니다. 둘째, 염소와 송아지의 피로 드린 옛 제사의식의 효력은 불완전하고 잠정적이어서 거듭 반복해야 하지만 그리스도의 피로 드리는 제사의 효력은 완전하고 영원하여서 일회적입니다. 셋째, 성소에서 자신의 피로 드린 그리스도의 제사의식은 완전한 속죄를 이루셨습니다. 저자는 그 세 가지 근거를 9장 후반부(16-28절)에서 보충합니다.

후반부에서 먼저 눈에 띄는 단어는 '유언'입니다. '유언'에 해당하는 헬라어 단어는 '디아테케'(διαθήκη)입니다. 그러나 저자는 이제껏 이 단어를 '언약'이라는 의미로 사용해 왔습니다. 그는 '디아테케'라는 단어로 언어유희를 합니다. 그 유희에는 중요한 의미를 전하려는 의도가 있지요. 여러분이 아시다시피 유언이란 그 유언 당사자가 죽어야만 효력이 발생합니다(17절). 저자는 이 논리를 언약에 그대로 대입합니다. 유언이 죽음에 의해서만 효력을 미치듯 언약 또한 죽음에 의해서만 효력을 발생합니다. 옛 언약의 경우에는 짐승의 죽음에 의해, 새 언약의 경우에는 하나님 아들의 죽음에 의해 언약이 맺어졌습니다. 옛 언약이 피로써 확증된 것처럼, 새 언약도 피에 근거하지만, 짐승의 피가 아닌 그리스도의 피로써 실행됩니다.[23] 이 대목에서 마태복음의 한 구절이 연상되지 않습니까? "이것은 죄 사함을 얻게 하려고 많은 사람을 위하여 흘리는 바 나의 피 곧 언약의 피니라"(마 26:18). 최후의 만찬에서 예수께서 하신 말씀입니다. 마태는 예수님이 쏟으실 피(생명)를 '언약의 피'라 합니다. 이와 유사한 맥락에서 저자는 22절에서 "피흘림이 없은즉 사함이 없느니라"고 말합니다. 사람이 피를 흘리면 결국 죽지요. 피 흘림은 생명 상실, 곧 죽음을 의미합니다. 언약과 죽음은 불가분의 관계에 있습니다. 이것을 강력히 반증하는 구약성경의 구절이 있습니다. 레위기 17장 11절입니다. "육체의 생명은 피에 있음이라 내가 이 피를 너희에게 주어 제단에 뿌려 너희의 생명을 위하여 속죄하게 하였나니 생명이 피에 있으므로 피가 죄를 속하느니라." 유언을 한 당사자가 죽어야 유언이 효력을 발휘하듯이 새 언약은 그리스도의 피흘림(죽음)으로 작동하기 시작합니다.[24] 그리스도의 피

---

23 Hagner, 『히브리서의 신학적 강해』, 172.
24 조재천, 『히브리서』, 142.

흘림이 아니고는 인류를 정결케 하고 구원케 하는 길이 없다는 것, 이것이 복음의 본령 아니겠습니까?

모세는 율법대로 모든 계명을 백성에게 말한 후 소를 잡아 번제와 화목제로 드렸고 그 피의 절반을 우슬초에 적셔 언약 체결의 당사자인 백성에게 뿌렸습니다(19절).[25] 우리가 언약을 원한다면 대가가 필요합니다. 속죄는 아무런 대가 없이 쉽게 얻을 수 있는 것이 결코 아닙니다. 우리의 속죄, 인류의 속죄는 그만한 희생을 치르고 얻은 것입니다. 그 대가란 하나님의 아들 예수 그리스도의 피흘림, 즉 희생입니다. 예수님의 죽음 후 읽혀진 유언에는 새 언약의 백성(예수님의 형제자매들)에게 허락된 영원한 기업의 약속이 주어집니다.[26] 정결케 하는 피의 기능은 옛 언약에도 있었습니다. 옛 언약이 다루는 제사와 관련한 모든 것들은 하늘에 있는 것들의 모형에 불과합니다(23절). 옛 장막과 기구와 그릇의 정화를 위해 짐승의 피가 뿌려진 것처럼, 하늘에 있는 것들의 정화를 위해서는 '더 좋은 제물'(23절)의 피가 필요합니다. 그것이 그리스도의 피입니다. 예수님

---

25 출 24:6-7 참조.

26 히 2:11 참조. "거룩하게 하시는 이와 거룩하게 함을 입은 자들이 다 한 근원에서 난지라 그러므로 형제라 부르시기를 부끄러워하지 아니하시고"(히 2:11). 이 구절은 예수 그리스도께서 우리를 자신과 하나로 만드심으로써 우리를 거룩하게 하셨고, 그 결과 거룩하게 하는 분과 거룩하게 하심을 입은 자들이 한 가족이 되었을 뿐만 아니라 그분은 우리를 '형제'라고 부르기를 기뻐하셨다는 의미입니다. 이상명 외 9인, 『고엘, 교회에 말걸다: 공동체의 치유와 회복을 위한 성서적 모델』(서울: 홍성사, 2017), 15-157 참조.

의 피흘림 없이는 어떤 죄사함도 없습니다. 예수님이 바친 제사는 영원합니다. 그 속죄의 효력은 '많은 사람', 즉 모든 인류에게 미칩니다(27절). 그것도 단번의 제사로 말입니다.

'속죄'는 영어로 'atonement'입니다. 이 단어는 원래 '한 가지 결과에'(at-one-ment)라는 뜻이며 '둘을 하나로 만들다'는 의미가 포함되어 있습니다. 서로 떨어져 있는 것을 '결합시키다', '화해시키다'는 의미이지요. 자신의 피로 드린 단 한 번의 희생 제사로 예수 그리스도는 하나님과 우리 사이를 화해시켰습니다. 그리스도의 피 앞에서 우리는 그 어떤 주장도 내세울 수 없습니다. 우리의 교만도 자리 잡을 여지가 없습니다. 모든 것이 다 하나님의 은혜일뿐입니다. 그리스도 안에서 우리는 우리의 과거를 가려 주는 죄사함(9:22)과 현재 우리와 동행하고 계시는 '새 언약의 중보자'(8:6; 9:15; 12:24)와 어느 누구도 우리에게서 빼앗아 갈 수 없는 미래의 '영원한 기업의 약속'(9:15)을 소유하고 있습니다.[27]

여러분에게 선포합니다. 여러분의 과거 죄는 이미 용서되었습니다. 새 언약의 중보자 예수 그리스도를 통해 여러분은 언제든 하나님께로 나아갈 수 있는 길이 보장되었습니다. 여러분은 미래에 영원한 기업까지 소유하고 있습니다. 여러분은 이 모든 축복을 누리고 있는 새 언약의 백성입니다. 장차 예수님은 두 번째 나타나실 것입니다. 우리가 그분의 재림(παρουσία)을 바라는 것은 거기에 우

---

27 Brown, 『히브리서 강해』, 206.

리의 구원이 달려 있기 때문입니다(28절). 예수님은 무서운 심판자가 아니라 구원자로 오십니다. 하여 우리는 그분의 두 번째 나타나심을 갈망하고 대망합니다.

V. 제사장적 사역, 옛것과 새것(10:1-18)

이 섹션에서 저자는 앞에서 이미 논증한 내용을 다시 해설합니다. 율법에 근거한 옛 제사가 예배자들을 최종적으로 온전하게 할 수 없다는 1절의 가르침은 7장 11절, 19절이 전한 내용의 반복된 진술입니다. 율법은 그림자일 뿐 참된 형상이 아닙니다(1절). 마찬가지로 옛 언약의 제사도 그림자에 불과합니다. 따라서 예배자들을 온전케 하거나 영적 성숙으로 이끌 수 없습니다. 해마다 반복해서 드려야 하는 것 자체가 옛 제사의식이 지닌 한계였음을 드러내는 것입니다. 동일 제사의 반복은 그 자체가 인간의 죄 문제에 대해 효과적이고 지속적인 구제책이 아님을 반증합니다. 옛 제사의식의 불완전함을 가리킵니다. 이런 제사는 죄를 회상하게는 하지만 죄 문제의 궁극적 해결은 아닙니다(3절). 황소와 염소의 피가 죄를 사하여 주지는 못하지요(4절). 이미 9장 9절에서 저자가 주장한 것처럼 옛 언약에 따른 희생 제사의 정기적 반복은 예배자의 양심 안에 있는 죄와 죄책감의 문제를 근본적으로 해결해주지 못합니다(2절). 옛 언약 제도는 그 자체로 목표가 될 수 없고 항상 '장차 올 좋은 일의 그림자'(1절)일 뿐입니다.

저자는 동물 희생 제사를 하나님이 명령하셨지만, 하나님이 정말 원하신 것은 아니라고 말합니다(5절). 이를 뒷받침하기 위해 그는 시편 40편 6-8절을 인용합니다.[28] 이 시편 구절에 호소하여 저자는 하나님이 율법으로 규정하신 희생 제사에 대한 뜻을 성취하시려고 한 인간의 몸에 탁월한 지위를 수여하셨다고 주장합니다(5절). 히브리서 저자는 시편 40편 6-8절을 다음과 같이 인용합니다.

> 그러므로 주께서 세상에 임하실 때에 이르시되 하나님이 제사와 예물을 원하지 아니하시고 오직 나를 위하여 한 몸을 예비하셨도다 번제와 속죄제는 기뻐하지 아니하시나니 이에 내가 말하기를 하나님이여 보시옵소서 두루마리 책에 나를 가리켜 기록된 것과 같이 하나님의 뜻을 행하러 왔나이다 하셨느니라(5-7절).

시편 40편의 주어 '나'는 당연히 시인 자신이었겠지만 히브리서 저자는 10장 5-7절에서 이 주어 '나'를 성육신한 예수 그리스도에 대입하여 그분의 독백으로 치환하였습니다. 완전한 구원의 새 언약을 세우기 위해 예수님은 자기 몸을 단번에 드려 우리 죄를 씻기시고 우리를 거룩하게 해 주셨습니다(10절). 거룩하게 할 뿐만 아니라 그렇게 된 사람들을 영원히 온전케 하셨습니다(14절). 이 일이

---

28 시편 40:6-7과 같은 맥락에 있는 삼상 15:22; 사 1:10-17; 호 6:6도 참조.

어떻게 가능할까요? 단 한 번의 영원한 제사를 드리시고 하나님 우편에 앉으신 그리스도의 영광이 영원하시기 때문입니다(12절). 그리스도의 대속적 죽음으로 아담 타락으로부터 종말에 이르기까지 과거, 현재, 미래를 모두 망라하여 죄 용서가 가능하게 되었습니다.[29]

저자는 11절에서 옛 제사장들이 매일 반복하여 드렸던 제사의 무익함을 주장한 1절의 요지를 되풀이합니다. 12-14절에서 지상의 제사장들과 천상의 제사장이 처한 제의 상황을 예리하게 대조하여 묘사합니다. 옛 제사장들의 제사와는 달리, 그리스도가 드린 제사의 효력은 영원합니다. 새 제사장 그리스도의 사역은 하나님 우편에 앉으심으로 최종 완성되었습니다(12절). 10장의 주요 메시지는 14절과 18절에 있습니다. 이 두 구절은 앞에서 논증한 그리스도의 희생 제사와 그 의미에 대한 요약이기도 합니다. "그가 거룩하게 된 자들을 한 번의 제사로 영원히 온전하게 하셨느니라"(14절). "이것들을 사하셨은즉 다시 죄를 위하여 제사 드릴 것이 없느니라"(18절). 이 두 구절은 7-10장에서 저자가 논증하려 한 내용의 핵심 사항으로 구약 제사 제도의 종식과 그리스도 희생 제사의 완전성을 재차 강조합니다. 예수님의 희생 제사는 인류 역사에서 대속을 성취한 유일한 사건입니다. 이 일은 다시 반복될 수 없습니다. 대제사장 예수님의 희생적 죽음으로 하나님이 우리 죄를 사해 주시고 우리와 새 언약을 맺으신 일이 단 한 번에 성취되었습니다. 그러니

---

29 Hagner, 『히브리서의 신학적 강해』, 181.

죄는 더 이상 하나님이 우리와 맺으신 지속적 언약 관계에 방해거리가 될 수 없습니다. 새 언약의 백성들이 하나님에게로 나아가는 데에 그 어떤 것도 그 어느 누구도 훼방할 수 없음을 천명합니다. 우리가 이보다 더 기쁜 마음으로 경축해야 할 일이 있을까요?

VI. 새 언약의 예배(10:19-39)

"와서 경배하자!" 이런 외침이 이전 가르침에 대한 우리의 당연한 반응이 아닐까요? 예수 그리스도의 희생 제사로 죄 사함을 받았다는 사실 앞에 우리가 우선적으로 해야 할 일은 경배와 찬양입니다. 저자는 "참 마음과 온전한 믿음으로 하나님께 나아가자"고 우리를 독려합니다(22절). 이런 호소에 앞서 저자는 19-22절에서 여태까지 주장해 온 내용을 요약 형태로 펼쳐 놓습니다. 곧 우리가 예수님의 피를 통해 하나님 앞으로 당당히 나아갈 수 있게 되었다는 전언입니다. 휘장의 찢어짐(20절)은 옛 제사, 옛 언약이 종료되고 새 제사, 새 언약이 개시되었음을 상징합니다. 예수님이 운명하실 때 성전 휘장 찢어진 것에 대한 암시입니다. 찢어진 휘장은 예수님 육신의 찢어짐에 대한 메타포(metaphor)이기도 하지요. 그 찢어진 휘장을 통해 이전에 대제사장만이 들어갈 수 있던 가장 깊은 성소(지성소) 안으로 우리도 들어갈 수 있게 되었습니다. 저자는 이것을 '새로운 살 길'로 묘사합니다(20절). 그 '살 길'이란 예수님의 찢겨진 육체를 통해 하나님에게로 나아가는 길입니다. 저자는 그 길을 통해 하나님께로 "나아가자!"고 외칩니다. "와서 경배하자!"는 의미이지요.

'구원의 창시자'(2:10), '새 언약의 중보자'(9:15) 예수 그리스도를 통해 하나님 존전(尊前)으로 나아갈 수 있게 된 우리에게 저자는 세 가지 권면을 합니다. 이미 말씀드린 것처럼 저자는 "참 마음과 온전한 믿음으로 하나님께 나아가자!"(22절)고 합니다. 이것이 첫 번째 권면입니다. 여러 제한으로 점철된 옛 제사와는 달리 예수 그리스도의 희생으로 드려진 새 제사는 하나님 임재 앞으로 아무런 제한 없이 나아갈 수 있는 길을 마련해 주었습니다. 두 번째 권면으로 저자는 "믿는 도리의 소망을 움직이지 말며 굳게 잡자!"고 합니다(23절). 완전한 믿음의 확신을 가지라는 권면이지요. 우리 믿음의 근거는 하나님 약속의 신실함입니다. 마지막 권면으로 저자는 "서로 돌아보아 사랑과 선행을 격려하자!"고 외칩니다(24절). '사랑'과 '선행'은 크리스천의 가장 으뜸인 덕목입니다. 어려운 상황 속에서 성도들이 서로 돌아보는 일은 귀하고 아름다운 일입니다. 그러나 일부 성도들은 다른 이들의 눈에 띄는 일을 최대한 자제하여 박해를 모면하고자 모이기를 폐하려 하였습니다(25절). 즉, 가정교회 모임에 참여하기를 꺼려 하였습니다. 주님이 다시 오시는 날까지 사랑과 선행에 힘쓰도록 우리가 서로 격려하고 하나님 경배에 최선을 다하는 일은 중요합니다. 이런 저자의 외침이 개인주의 문화의 여파로 교회 공동체성이 심각히 훼손되고 있는 이때 저에게 더욱 쟁

쟁하게 들립니다.

저자는 6장 4-6절에서 이미 언급한 배교를 다시 경고합니다. 26절에서 그가 언급한 죄는 일상적 죄가 아닌 배교하는 죄입니다. '진리를 아는 지식을 받은 후' 짐짓 지은 죄란 다름 아닌 배교입니다. 29절은 배교의 죄를 짓는 이의 악한 행태를 보다 자세하게 묘사하고 있습니다. 배교자는 '하나님의 아들을 짓밟고 자기를 거룩하게 한 언약의 피를 부정한 것으로 여기고 은혜의 성령을 욕되게 하는 자'입니다. 30절이 언급한 '원수'는 배교자입니다. 이런 배교자들을 기다리는 것은 하나님의 불 심판뿐입니다(27절). 하나님은 배교자들을 틀림없이 보복하십니다. 그들은 하나님의 자비를 기대할 수 없습니다. 배교는 새 언약의 피, 즉 구원의 유일한 수단을 부정하기에 속죄가 있을 수 없습니다. 배교자는 구원의 보루인 '하나님의 아들', '언약의 피', '은혜의 성령'을 무시하기에 심판에 던져집니다.[30] 하나님의 선한 말씀과 내세의 능력을 맛보았지만(6:5) 고의적으로 복음을 거부하는 배교자들에게는 맹렬한 심판의 불만 있을 것입니다. 배교는 히브리서가 기록될 당시나 현시대나 그 양상은 다르지만, 누구든 경험하는 일상의 위기입니다. 우리에게는 하나님께 결산서를 제출할 날이 다가오고 있습니다. 만홀(漫忽)히 여김 받지 아니하시는 하나님은 진리를 아는 지식을 받은 후 그것의 가르침을 부정하는 이를 결코 간과하지 않으십니다.

---

30 Hagner, 『히브리서의 신학적 강해』, 197.

앞의 강력한 경고는 32절에서부터 격려의 말로 전환되어 그 둘 사이의 균형을 잡아줍니다. 저자는 성도들이 경험한 여러 어려운 현실을 회고하는 방식으로 언급합니다. 그는 히브리서 독자들을 '고난의 큰 싸움'을 견뎌낸 성도들이라고 표현합니다(32절). 그들은 '고난'은 물론 '비방'과 '환란'(33절)과 '재산 몰수'(34절)를 경험했습니다. 재산 몰수는 옥에 갇힌 성도들이 당하는 가장 어려운 현실이었습니다. 여러 어려움 속에서도 그들이 인내할 수 있었던 것은 '더 낫고 영구한 소유(산업)'에 대한 확신 때문이었습니다(34절). '더 낫고 영구한 소유'란 무엇일까요? 정확히 규명하기가 쉽지 않습니다. '구원'(2:3), '소망의 확신과 자랑'(3:6), '안식'(3:11), '성소에 들어갈 담력'(10:19)으로 이해할 수 있겠지요.[31] 저자는 독자들에게 "담대함을 버리지 말라!"고 격려합니다. 과거 박해받는 상황 속에서 그들을 붙들어 주신 신실하신 하나님은 현재도 동일하게 하실 것이라 위로합니다.

하나님의 뜻을 행하기 위해 성도에게 필요한 것은 '인내'입니다(36절). 성도의 인내는 헛되지 않습니다. 하나님의 뜻을 위해 당하는 고난을 묵묵히 참고 견디면 하나님의 약속은 반드시 실현됩니다. 저자는 하박국 2장 3-4절의 말씀을 인용하여 가까운 장래에 '오실 이'에 대한 약속을 합니다. '오실 이'는 구약성경의 메시아적

---

31 Otto Michel, *Der Brief an die Hebräer*, International Biblical Commentary, 강원돈 역, 『히브리서』 국제성서주석 (서울: 한국신학연구소, 1988), 495.

칭호 가운데 하나입니다. '오실 이'에 대한 약속은 신실한 성도에 대한 핍박을 종식시킬 그리스도의 재림에 대한 언급입니다. 저자는 지체하지 않고 오실 그리스도를 기다리면서 믿음의 삶에서 물러서지 않도록 성도를 격려합니다.

VII. 나가는 글

우리는 7-10장에서 한 열정적 설교자를 만납니다. 그가 전하는 설교는 그 초점이 대제사장이신 예수 그리스도를 전하는 데에 있습니다. 앞에서 여러 번 언급한 것처럼 대제사장 예수 그리스도는 히브리서만의 독특한 기독론적 개념입니다. 예수님은 구약 시대 레위 계열의 제사장들과는 달리 멜기세덱의 반차를 따르는 하늘 성소의 대제사장입니다. 그는 단번에 자신을 제물로 드려서 구약 시대의 제사 제도를 무효화하고, 우리 모두에게 완전한 속죄의 길을 열어 주셨습니다. 그것은 새 언약 시대의 개막을 의미합니다. 새 언약 시대는 옛 제사의식에 사용된 동물의 피가 아닌 대제사장 예수 그리스도의 피에 근거합니다. 그리스도께서 대제사장인 동시에 희생제물이라는 사실은 놀랍고 오묘한 역설이자 신비입니다. 이것은 히브리서만이 발현하는 독특한 신학적 매력입니다. 예수님의 피는 우리 양심의 결정적 정결을 이루는 온전한 매개 수단이고 하나님께 드리는 참된 예배를 위한 필수조건입니다. 예수님이 단번에 드린

제사로 속죄와 구원의 완전함이 성취되었습니다. 그 결과 하나님
께 나아가는 것을 방해하는 모든 것들이 제거되었습니다. 가장 커
다란 방해꾼은 죄입니다. 죄는 하나님과의 교제와 연합을 방해합
니다. 대제사장이면서 스스로 희생제물이 되신 예수 그리스도로
인해 우리는 죄와 죽음으로부터 해방되어 하늘 지성소로 거침없이
들어갈 수 있게 되었습니다. 아울러 저자는 '구원의 창시자'(2:10),
'새 언약의 중보자'(9:15) 예수 그리스도에 대한 충성의 표지가 '인
내'임을 설파합니다. 하나님의 뜻을 위해 당하는 고난을 인내함으
로 견디면 하나님 약속의 실현을 보게 됩니다. 아울러 저자는 진리
를 아는 지식을 받은 후 그것을 고의로 부정하는 이들에게 닥칠 하
나님의 불 심판에 대해서도 전합니다. 이것은 배교에 대한 엄중한
경고장입니다. 이제 히브리서 저자가 설교를 통해 우리가 이 땅에
서 새 언약 백성으로 살아가기 위해 필히 실천해야 할 사항을 언급
합니다. 이것을 나누며 저는 갈무리하겠습니다.

흔들림 없는 믿음의 소망을 굳게 붙잡으십시오(10:23). 서로 돌
아보아 사랑과 선행으로 격려하며 모이기에 더욱 힘쓰십시오
(10:24-25). 신실한 예배를 드림으로써 하나님께 나아가십시오
(10:28). 마지막으로 하나님이 약속하신 것을 받기 위해 담대함을
버리지 마십시오(10:36). 여러분 모두, 주님이 다시 오실 때까지 히
브리서가 전하는 권면을 따라 일상 속에서 승리하시길 바랍니다.

히브리서 11-13장

배교의 시대를 거스르는
성도의 윤리

—

민종기

I. 포스트모던 시대의 복음과 윤리

우리가 살고 있는 시대를 종종 '포스트모더니즘'(postmodern-ism) 시대라 합니다. 포스트모더니즘 이전 시대, 즉 근대(modern)에 진리란 유일한 것이었고, 사회의 발전이란 서구의 모델을 따라 일원적 방향성을 가진다고 생각했습니다. 단 하나의 우월한 세계관이나 진리가 존재하며, 인간의 진보는 이성적 계몽을 통한 서구화로 달성된다고 생각하였습니다. 백인, 남성, 서구인의 우위와 침탈 및 비서구의 소외와 억압은 피치 못할 과정으로 정당화될 수 있다고 간주하였습니다.[1]

그러나 지금 포스트모던 시대의 관점에 의하면, 진리는 다원적이고 문화는 다양합니다. 이전의 근대성(modernity) 혹은 근대주의(modernism)에 대항하여 사고의 다원성을 수긍하며 삶을 조망하려는 것이 이 시대의 특징입니다. 유색인종과 여성과 소수계(minority) 그리고 문명의 변두리에 속한 제3세계 사람들의 가치와 의미를 회복하려는 운동이 계속되고 있습니다.[2] 기독교화, 서구화 그리고 문화제국주의에 저항하는 다문화주의, 다원적 관점은 인간성의 회복

---

1 이에 대한 자세한 논의는 다음을 참고하라. Richard Middleton & Brian Walsh, *Truth is Stranger Than It Used To Be: Biblical Faith In A Postmodern Age*, 김기현 · 신광은 역, 『포스트모던 시대의 기독교 세계관』 (서울: 살림, 2007), 15-19.
2 가장 현저한 제3세계의 관점에서 신학적 작업을 이룬 것은 구스타보 구티에레즈에 의한 '해방신학'의 탄생이다. 페루 리마에서 서구에 수탈당하는 피해자에 대한 성경과 종속이론의 이해는 죄가 구조적일 수 있다는 해석의 가능성을 열어주었다.

을 위한 어느 정도 공헌을 하는 경향도 있습니다.

포스트모더니즘의 이러한 공헌에도 불구하고, 다른 한편으로 이는 기독교 세계관과 신앙에 대한 일종의 도전이 되기도 합니다. 특히 절대적인 진리가 존재하지 않는다는 '상대주의'(relativism), 인간의 지식이 부분적이어서 지식은 항상 다원적이라는 '다원주의' (pluralism)가 유행합니다. 더구나 여러 종교에도 구원이 있다는 '종교다원주의'(religious pluralism)는 기독교 신앙에 대한 일종의 도전입니다. 아울러 다양한 종교적 가르침이나 교훈을 혼합하는 것도 가능하다는 혼합주의(syncretism), 억압과 비인간화를 초래해 온 현대의 가치체계를 부정하고 새로운 형태의 지식에 이를 수 있다고 생각하는 '해체주의'(deconstructionism) 또한 기독교 신앙에 대한 새로운 도전입니다.

복합문화와 세속화가 팽배한 이 시대에도 복음의 유일성과 선교적 사명에 대한 확신의 중요성을 놓칠 수 없다는 것이 히브리서의 교훈입니다. 히브리서가 기록되던 시대, 즉 신자가 유대주의로 복귀하는 일종의 배교의 시대에 히브리서가 기록되던 것을 생각하면, 세속화가 팽배한 지금 이 시대에 히브리서 말씀을 다시 상고하는 것은 매우 시의적절한 작업이라 하겠습니다. 히브리서는 그리스도의 탁월성에 대한 위대한 논증적 설교입니다. 히브리서는 '예수의 복음'으로 천사 숭배를 논파하고, 모세보다 탁월하신 그리스도를 가르치며, 아론 계통의 제사장직을 완성하는 그리스도의 완벽한 대제사장직을 제시합니다. 이러한 선포의 말미에 제시된 히브리서 11-13장은 히브리서 전체의 결론적 권면에 해당하는 부분으로서 일종의 기독교 윤리를 제공합니다.3 저는 각 장을 믿음(11장)과 소망(12장)과 사랑(13장)의 윤리라는 차원에서 조망하려고 합니다.

II. 새 언약 공동체의 윤리 1: 선조들의 믿음을 본 받으라(히 11:1-40)

히브리서 11장은 '믿음 장'으로 알려져 있고, 실제로 여기에 많은 위대한 믿음의 선진들이 나열되어 있습니다. 이 기록은 대체로 시간의 순서에 따른 기록인데, 배교의 시대를 살고 있는 성도들이 믿음의 계보가 보여주는 본을 따를 것을 격려합니다. 그 믿음의 본은 심원한 전통을 가지고 있습니다. 믿음은 유행도 아니고, 선택사항도 아닙니다. 믿음의 조상은 홍수 이전으로부터 현재에 이르기까지 빛나는 전통을 우리에게 보여줍니다. 히브리서 11장은 믿음

---

3 히브리서에 대한 많은 주석들은 각기 다양하게 그 구조를 설명한다. 양용의 교수에 의하면, 히브리서는 크게 넷으로 구분된다. 주제도입(1:1-4)과 결말(13:20-25)을 제외하면, 제1부는 논의의 기반으로서의 예수 그리스도의 뛰어나심(1:5-2:18), 제2부는 예수님의 대제사장직(3:1-7:28), 제3부는 그리스도의 희생제사(8:1-10:39) 그리고 제4부는 결론적 권면(11:1-13:19)이다. 이 중에서 결론적 권면이라는 마지막 부분이 우리가 살펴볼 본문이다. 양용의,『히브리서 어떻게 읽을 것인가』개정판 (서울: 성서유니온, 2016), 38-40.

의 증인들을 빠르게 기술하며 수천 년의 역사를 조망합니다. 강한 믿음을 가진 선진들의 기록을 통해서 우리가 배워야 할 것은 무엇입니까? 하나님을 기쁘시게 하는 우리의 삶의 모습은 바로 '믿음의 역사(work)'를 나타내는 것입니다. 그 믿음은 행위로 열매를 맺어야 합니다.

1. 참된 윤리는 모방에서 시작된다

믿음의 열매를 맺으려면 먼저 삶의 모범을 보여준 믿음의 선진들을 닮으려고 노력해야 합니다. 믿음이 깊어지려면 우리는 좋은 믿음의 본을 따라야 합니다. 믿음은 종종 믿음의 공동체 속에서 주님과 혹은 성도와의 관계를 통하여 전수되는 것이기 때문입니다. 히브리서 11장 1-40절에 이르는 믿음의 모범에 대한 칭찬 목록은 정교한 구조로 우리에게 윤리적 표준을 보여줍니다. 특히 구약 시대에 있었던 믿음의 인물을 예수 그리스도와 연관시키므로 성경 시대나 현재를 살아가는 신자가 예수 중심의 윤리를 어떻게 형성할 것인지를 가르쳐줍니다. 믿음의 삶이란 보이지 않는 하나님을 바라보며 보이는 환경을 이겨내므로 하나님을 기쁘시게 하는 것입니다. 옛날 메시아에 대한 소망 속에서 살아온 선배들이 믿음 안에서 인내하였다면, 지금 우리는 재림하실 예수를 바라보면서 믿음 안에서 인내의 삶을 살아야 합니다. 믿음의 윤리는 다음과 같은 맥락 속에서 주어집니다.

히브리서 11장 1–3절은 믿음에 대한 정의입니다. 믿음을 가지고 그것을 행동으로 보여준 선진들의 목록은 크게 넷으로 구별됩니다. 첫째 기록은 창조에서부터 노아에 이르기까지, 즉 홍수 이전의 세상에서 믿음을 가지고 살아간 사람들의 명단입니다(11:3-7). 둘째는 아브라함에서 요셉에 이르는 믿음으로서 씨족, 부족에서 한 민족으로 자라나는 과정에서 드러난 중요한 믿음의 선진들에 대한 기록입니다(11:8-22). 셋째로는 유대민족이 국가를 이루는 과정, 즉 모세라는 걸출한 지도자에서 가나안을 정복하는 과정에서 등장하는 믿음의 선진들에 대한 기록입니다(11:23-31). 넷째는 가나안 정복 이후 하나님의 백성들이 한 나라의 형태를 갖추어가는 상황에서 나타난 믿음의 증인에 대한 기록입니다(11:32-38). 구약 전체를 통하여 등장하는 믿음의 사람들은 동일하게 같은 믿음을 가지고 선한 싸움을 해왔으면서도 약속한 그리스도를 체험하지 못했음을 언급합니다.

2. 홍수 이전의 믿음의 증인들

홍수 이전의 믿음의 증인들은 아벨과 에녹과 노아로 집약됩니다. 많은 홍수 이전의 사람 중에서 대표적인 믿음의 주자는 첫 번째로는 하나님께서 기뻐하시는 제사를 드린 아벨 그리고 하나님과 300년 동안 동행한 에녹과 120년 동안 전혀 경험하지 못한 홍수에 대한 말씀과 계시를 듣고 그것을 예비한 노아입니다. 이들은 하나님의 말씀에 믿음으로 반응하였습니다.

믿음은 하나님의 말씀을 신뢰함이다(11:1-3)

믿음은 우리가 소망하는 것들의 실상, 실재나 실체이며 우리의 육안으로 보이지 않는 것들에 대한 증거입니다. 믿음의 선진들은 보이는 것으로 행하지 아니하였고, 하나님의 말씀을 신뢰하며 그것에 의존하여 행동하였습니다(히 11:1-2). 믿음을 가진다는 것은 맹목적이고 비이성적인 삶을 선택하는 것이 아닙니다. 믿음은 하나님의 말씀과 약속을 수용하는 것입니다. 믿음은 배짱이나 담력이 아니라 하나님의 말씀을 의뢰하고 신뢰하는 것입니다. 믿음은 미래가 나의 생각이나 사람의 합의에 있음이 아니라 하나님의 말씀과 계획과 작정과 그것의 신실한 성취에 있음을 수용하는 것입니다. 그 결과 믿음의 사람은 하나님의 말씀 아래 나의 생각을 굴복시킵니다. 온 세상의 주재이신 하나님께서 말씀으로 세상을 창조하시고 역사를 주관하십니다. 우리는 모든 세계가 하나님의 말씀으로 창조된 것을 믿습니다. 그리고 모든 존재의 주관자이신 하나님이 지금도 자신의 말씀대로 역사를 다스리심을 믿습니다.

아벨은 믿음으로 예배를 드리다(11:4)

우리는 보이지 않는 하나님을 예배하지만, 이 세상은 보이는 우상을 숭배합니다. 사람은 보이지 않는 하나님을 종종 보이는 형상으로 만들어 섬깁니다. 사람이 우상을 섬기면 그들은 나무나 돌덩이나 금속에 색칠을 하고, 그곳에 무슨 효력이 있는 것처럼 물신(物神, fetish)을 만듭니다. 그리고 그것을 두려워합니다. 그러나 아담의 아들인 아벨은 믿음으로 형 가인보다 더욱 나은 제사를 하나님께 드렸습니다. 그의 믿음은 제물을 통하여 표현되었습니다. 그러나 '가인과 그의 제물'은 받아들여지지 않았습니다. 그 이유는 그가 믿음 없이 예배하였고, 그의 행위가 악하였다고 성경은 언급합니다(창 4:5-7). 보이지 아니하는 하나님을 온전히 예배하는 이유는 보이지 않는 분을 믿는 믿음에서 생겨납니다.[4]

에녹은 믿음으로 하나님을 기쁘시게 하다(11:4-6)

에녹은 믿음으로 하나님을 기쁘시게 한 믿음의 선조입니다. 그는 므두셀라를 낳은 65세부터 줄곧 300년 동안 하나님과 동행하다가 죽음을 보지 않고 하나님께로 옮기었습니다. 그는 이 땅을 살아가면서 믿음으로 하나님을 기쁘시게 하였고, 엘리야와 함께 죽음을 보지 않고 천국으로 옮겨진 사람으로 기록되었습니다. 그에 대한 신약의 기록, "거룩한 자와 함께 주님께서 이 땅에 임하셔서 심판하실 것을 예언한다"(유 1:14-15) 함은 에녹이 이미 초림 이전에 예수님의 재림을 예언하였음을 언급합니다. 에녹에 대하여 히브리서 기자는 "하나님께 나아가는 자는 반드시 그가 계신 것과 그가 자신을 찾는 자에게 상주시는 이심을 믿어야 한다"(히 11:6)는 평가를 남깁니다.

노아는 하나님이 말씀하신 심판을 믿고 대비한다(11:7)

노아는 부패한 문명 속에서 하나님의 은혜를 덧입었습니다. 하나님의 자비를 입은 노아는 앞으로 홍수 심판이 있을 것을 전해 듣고, 120년 동안 최선의 준비를 하여 방주를 짓고 미래의 세상을 대

---

4 Thomas Schreiner, *Commentary on Hebrews: Biblical Theology for Christian Proclamation* (Nashville: B & H Publishing Group, 2015), 장호준 역, 『토머스 슈라이너 히브리서 주석』(서울: 복있는사람, 2015), 507-510.

비합니다. 그는 보지 못한 것을 믿음으로 알아 전례가 없는 거대한 홍수에 대비하였을 뿐 아니라 홍수를 결코 믿지 아니하는 불신 세상을 정죄하고 의의 상속자가 되었습니다. 믿음은 하나님의 말씀을 수납하는 것입니다. 믿음은 하나님의 경고를 받았을 때 보지 못한 일을 수용하고, 그것에 대하여 온몸으로 반응하는 것입니다. 믿음의 사람은 주님의 말씀에 의거하여 행동합니다.

3. 아브라함에서 요셉까지, 하나님의 도성을 소망한 믿음의 선진

창세기가 1-11장의 일반 역사와 12-50장의 선민의 역사로 구별되는 것처럼 히브리서 11장이 제시하는 믿음의 조상에 대한 모범도 홍수 이후에 하나님께서 아브라함을 선택함으로 믿음의 백성이 시작되는 것을 언급합니다. 히브리서 11장 8-22절은 창세기에 등장하는 위대한 믿음의 조상들인 아브라함과 이삭, 야곱과 요셉의 이민 생활을 믿음이라는 관점에서 소개합니다.

믿음으로 장래의 유업을 위하여 이민 생활을 하다(11:8-10)

하나님은 우상의 땅 우르에서 아브라함에게 이민을 명하십니다. 선민의 조상 아브라함은 "너는 본토와 고향과 아비와 친척집을 떠나라"(창 12:1-2)는 하나님의 명령에 순종합니다. 그는 장래의 유업을 향하여 어디로 갈 바를 알지 못하였으나, 하나님의 명령에 순종하여 떠났습니다. 그는 75세에 다시 하나님의 명령을 받고 하란에서 떠나 가나안 땅으로 들어옵니다. 아브라함은 믿음으로 이민생활을 시작하면서 아이를 얻을 수 없는 불임의 상태를 극복하고 100세에 얻은 이삭과 야곱에게 동일한 언약을 전합니다. 비록 아브라함을 비롯한 이삭, 야곱과 요셉은 유프라테스강에서 나일강에 이르기까지 이주하며 이민의 삶을 살았으나, 그들은 분명히 하나님이 계획하시고 지으실 터가 있는 하나님의 도성(the City of God), 곧 하나님의 나라를 이룰 것을 바라보았습니다.

믿음으로 사라는 후손을 선물로 받다(11:11-12)

사라 또한 열국의 어미로서의 믿음을 가졌습니다. 방문한 천사의 수태고지를 듣고 실소(失笑)를 머금었으나, 사라는 마음을 바꾸어 자신의 단산한 몸을 통해서도 신실하신 하나님이 잉태하실 수 있는 힘을 주실 것을 믿었습니다. 사라는 약속을 신뢰하므로 임신하게 되었고, 그 결과 이스라엘 민족의 조상 이삭을 잉태하였습니다. 이삭은 또한 에서와 야곱을 낳았고, 야곱은 열두 아들을 낳게 됨으로 큰 민족을 이루는 약속에 다가섭니다.

믿음의 조상들은 하나님의 도성을 추구하였다(11:13-16)

아브라함과 이삭, 야곱, 요셉에 이르는 믿음의 사람들은 하나님의 도성, 즉 하나님의 나라를 소망하였습니다. 그들은 이 땅에서는 나그네와 행인으로, 즉 동일한 이민자로서 살아갔습니다. 그러나 그들에게는 변하지 않는 공통된 본향이 있었으니, 그것은 미래에 도래할 하늘나라 곧 하나님의 나라입니다. 이 영원한 본향을 사모하는 중에 믿음의 조상들은 자신의 후손을 통하여 민족이 이루어지고 가나안 땅에 나라가 세워질 것을 멀리서 바라보았습니다. 그러므로 그들이 바라본 본향은 '하나님의 도성'(The City of God), 즉 그리스도께서 다스리게 될 하나님의 도성입니다. 이에 하나님은 믿음의 백성들을 부끄러워하지 아니하시고, 이 땅에서 베풀어주실 영광스러운 '메시아 왕국'(Messianic Kingdom)을 그리스도를 통하여 이루실 것을 약속합니다. 그리스도의 나라에 대한 소망을 멀리서 바라보면서 믿음의 조상들은 그 뜻을 이루기 위한 믿음의 전진을 했습니다.

믿음으로 아브라함은 이삭을 죽은 자 가운데서 도로 받다(17-19)

믿음의 조상 아브라함이 하나님의 은혜 가운데서 성숙한 후, 하나님의 테스트를 통과하게 됩니다. "모리아산으로 가서 아들을 번제로 바치라"는 하나님의 명령을 받았을 때, 그는 지체하거나 타인과 상의하지 않고 하나님의 명령에 즉각 순종합니다. 하나님은 이삭을 통하여 민족을 이루시고 그 후손으로 메시아를 주신다는 약속을 믿었기 때문에, 그는 이삭을 죽인다 하더라도 하나님이 다시 살리실 것, 곧 부활의 믿음으로 이삭을 번제로 드리려 했습니다. 하나님은 이 시험을 통과한 아브라함에게 하나님의 아들 예수 그리스도를 아브라함의 후손으로 보내시리라 약속합니다. 그리고 아브라함의 후손으로 한 민족을 이루십니다. 하나님은 독생자를 주시려는 자신의 마음을 아는 아브라함, 즉 이삭을 번제로 드린 아브라함의 믿음을 보시고 믿음의 조상으로 삼으십니다. 이사야는 독생자를 주시는 하나님의 마음을 알게 된 아브라함을 '하나님의 벗'이라 부릅니다(사 41:8). 아브라함은 힘든 이민 생활을 믿음으로 시작하여 하나님의 인정받는 믿음의 조상이 되었습니다. 아브라함은 신약 시대, 예수님이 '나의 친구'라 불렀던 제자들의 원형을 보여줍니다 (요 15:13-15).

믿음으로 남긴 야곱과 요셉의 유언(11:20-22)

아브라함을 이은 이삭은 하나님의 말씀으로 야곱을 축복하고, 자신이 편애하던 에서를 경고합니다. 믿음으로 야곱은 열두 아들에 대한 축복과 경고를 선언합니다. 특별히 야곱은 요셉의 두 아들을 축복할 때에 하나님의 조명을 따라 에브라임을 오른손으로, 므낫세를 왼손으로 엇갈려 축복합니다. 믿음으로 요셉은 임종에 이르러 자신의 뼈를 하나님의 약속의 땅으로 반드시 옮겨줄 것을 부탁합니다. 이는 믿음의 조상인 아브라함, 이삭, 야곱과 요셉이 공히 하나님의 계시를 통하여 자녀들을 축복하고 경고하였음을 보여줍니다. 아울러 그들은 하나님의 나라가 가나안에서 세워질 것을 구체화하고 있습니다. 그들은 하나님의 뜻을 알게 되자 믿음으로 축복하였고, 그 믿음대로 하나님은 자녀들이 복을 받습니다. 믿음의 조상들이 축복한 지 약 400년이 되어 히브리 부족은 이스라엘 민족을 이루고, 그 자손들은 요셉의 해골을 수습하여 가나안 땅으로 돌아옵니다.

4. 출애굽과 가나안 정복을 이룬 믿음의 선진들

400년에 걸친 이집트의 이민 생활을 통하여 이스라엘은 큰 민족이 되었습니다. 그러나 문제는 이 민족이 노예라는 데 있었습니다. 하나님의 도성, 하나님의 나라를 이루기 위하여 히브리인은 해방되어야 합니다. 믿음의 선조들은 이제 국가를 건설하기 위하여 믿음의 행진을 지속하여야 합니다. 여기 믿음의 사람들의 행진, 곧 믿음의 역사(役事)가 히브리서 11:23-31에 소개되고 있습니다.

믿음의 가정에 의한 지도자의 준비(11:23-26)

하나님의 나라는 자연적인 과정만 아니라 초자연적인 결단에 의하여 이루어집니다. 모세가 태어났을 때, 모세의 부모는 남자아이를 죽이라는 바로의 명령을 어기고 3개월 동안을 길렀습니다. 믿음의 결단으로 하나님께서 주신 감동을 실천하기 위하여 바로의 명령을 거스릅니다.

장성한 모세는 때가 이르매, 공주이자 나중에는 '하셉슈트'라고 불린 여왕의 아들이 되는 권세를 버리고 하나님의 백성 히브리인과 같이 고난에 참여합니다. 모세는 믿음으로 고난 받는 백성과 자신을 동일시하였습니다. 히브리서 기자는 모세가 이집트에서 제공하는 죄악의 낙을 누리는 생활보다 그리스도를 위하여 수모를 받는 선택을 하였다고 해석합니다. 초자연적 해방의 약속을 믿고 고난 중의 백성과 자신을 동일시하여 노예가 된 히브리인의 수모와 멸시를 수용하였던 것입니다. 하나님의 나라를 위한 모세의 결단은 세속 국가를 위한 섬김이 아니라 장래의 그리스도의 나라를 예비하는 것으로 미래에 도래할 메시아 왕국을 섬기는 봉사입니다.

믿음으로 유대민족이 출애굽을 단행하다(11:27-29)

모세는 믿음으로 바로의 위협과 군사력을 두려워하지 않고, 믿음으로 장자의 재앙을 벗어나는 유월절을 체험한 후, 하나님의 명령을 따라 홀연히 이집트를 떠났습니다. 이로써 이집트의 장자들이 심판을 받는 가운데서도 생존한 히브리 장자들과 함께 히브리민족은 출애굽을 시작합니다. 모세는 하나님의 명령을 따라 첫 번째 유월절을 정하고 지키며, 먼 미래에 도래할 '그 선지자'인 예수 그리스도를 통하여 죄로부터의 해방을 이루는 사건의 모형을 보입니다. 하나님의 백성들은 돌아올 수 없는 홍해를 건너되 바닷물 사이가 갈라져 생긴 길을 믿음으로 건넜고, 이집트의 군인들은 이를 시험하다가 물에 빠져 죽습니다. 믿음의 백성들을 위하여 하나님은 바다에 난 지름길을 만드십니다. 하나님의 백성은 신령한 지름길을 건너며 이집트의 노예 생활을 씻는 세례를 받습니다(고전 10:1-2).

믿음의 행위에 의하여 가나안 도시들이 정복되다(11:30-31)

모세는 동일한 믿음을 가진 여호수아 장군에게 가나안 정복의 임무와 사명을 줍니다. 믿음의 지도자인 여호수아와 갈렙과 모든 이스라엘 사람은 하나님의 직접적인 명령에 따라 믿음으로 여리고를 도는 상상할 수 없는 공성 작전을 실시합니다. 그들은 믿음으로 순종하여 여리고 성을 무너뜨렸으며, 기생 라합도 믿음으로 정탐꾼을 숨겨 줌으로 거룩한 전쟁에서 살아납니다. 죄인을 멸하여 '하나님께 바치는 것'을 의미하는 '헤렘', 곧 살육 가운데서 여리고성의 기생 라합은 홀연히 자신과 가족의 생명을 보존합니다. 믿음은 도시를 기적적인 방법으로 정복하기도 하고, 전쟁 가운데서도 생명을 유지하게 만들어 줍니다.[5]

---

5 헤렘에 관한 것은 다음을 참조하라. Michael Walzer, *In God's Shadow: Politics in*

이스라엘 국가를 위하여 헌신한 믿음의 사람들

믿음의 열전(列傳)은 드디어 유대국가의 건립, 즉 메시아왕국을 이루는 사람들에게 이르게 됩니다. 여기에서 가나안에 자리 잡은 이스라엘을 다스리며 이민족의 침입과 억압에서 해방시킨 기드온, 바락, 삼손과 입다와 같은 사사들이 소개되고, 왕정을 발전시킨 다윗과 선지자 사무엘을 포함 시킵니다. 모든 사람을 다 자세하게 거론하지는 않지만, 무수한 믿음의 증인들이 하나님의 도성을 위하여 일했음을 소개합니다.

믿음의 전쟁으로 하나님의 도성을 섬긴 사람들(11:32-34)

이스라엘 백성이 가나안 땅으로 들어와 살게 된 뒤에도 믿음의 사람들을 그 나라의 유지와 발전을 위하여 헌신을 다한 것으로 묘사됩니다. 느슨한 부족 연맹체의 모습을 보이던 사사 시대에 가나안에서 전쟁을 수행하였던 믿음의 사사들이 활동합니다. 걸출한 전국적 지도자가 아닌 기드온, 바락, 삼손, 입다가 통일왕국을 다스리는 왕같이 중앙집권적 통치를 하지는 못합니다. 왕조 시대에 이르러 사역한 다윗 왕과 선지자 사무엘은 더욱 견고한 고대국가로 구체화된 하나님의 도성을 위하여 일한 사람들입니다. 일정한 시

---

the Hebrew Bible (Yale Univ. Press: New Haven, 2012), 35-49.

간과 공간 속에 도래한 하나님의 나라를 위하여 그들은 믿음으로 전쟁에 나가서 이기기도 하고, 정의를 행하는 재판관으로 활동하기도 하였고, 왕으로 봉직하기도 하였습니다. 믿음으로 삼손은 사자를 찢기도 하고(삿 14:6-7), 다윗은 사자를 물매로 쳐서 죽이기도 하며(삼상 17:34-36), 다니엘은 사자 굴에서 사자와 같이 지내기도 하였습니다(단 6:19). 특히 다니엘의 친구인 사드락과 메삭과 아벳느고는 불구덩이 가운데서 '화염의 세력을 이겼으며'(단 3:16-18), 엘리야나 엘리사처럼 칼의 세력을 피하고(왕상 19:2, 왕하 6:31-32), 기드온처럼 연약한 가운데서 강해져서 미디안을 물리쳤습니다(삿 6-7장).

믿음으로 죽은 자들을 살린 사람들(11:35a)

하나님의 사람들은 믿음으로 굳세어져서 연약한 여인임에도 불구하고 죽은 아들의 생명을 구하였습니다. 엘리야의 시대에 사렙다 과부는 한 명밖에 없는 아들이 죽었을 때, 엘리야의 기도로 살아나는 기적을 체험하였고(왕상 17:17-23), 엘리사의 시대에 수넴 여인은 자신의 독자를 엘리사의 기도를 통하여 죽음으로부터 돌려받았습니다(왕하 4:18-36). 이들은 믿음 안에서 죽은 아들의 생명을 다시 살려 받는 기적을 체험하였습니다.

믿음으로 고난을 자취한 사람들(11:35b-38)

자녀를 살려 받는 소생을 체험한 사람도 있지만, 더 좋은 미래의 부활을 기대하면서 고난을 극복하고 죽음을 두려워하지 않은 믿음의 사람들도 있습니다. 종말적인 부활을 바라보면서 심한 고문을 받고 조롱과 채찍질을 받은 사람은 더 나은 부활을 바라본 사람입니다. 이들은 돼지고기를 먹기만 하면 풀려날 수 있었던 마카베우스 시대 엘르아살(마카비2 6:18-31)과 일곱 형제를 연상하게 합니다(마카비2 7장). 그들은 부활에 대한 믿음을 가지고 이 환란과 죽음을 두려워 않고 담대히 감당하였습니다.[6]

더욱이 선지자들 가운데에서 예레미야는 조롱과 무시를 당하고 채찍과 결박과 옥에 갇히는 시련을 겪었습니다(렘 20:2-3). 그러나 투옥당한 선지자를 단지 예레미야로만 국한시키기는 어렵습니다. 아사 왕은 하나니를 투옥시켰고, 아합은 미가야를 투옥시켰습니다. 이 모든 사람은 믿음으로 고난을 이긴 자들이 되었습니다.

신약으로 완성되는 믿음(11:39-40)

믿음의 장이 시작되는 히브리서 11장 1-2절은 마지막 부분, 히

---

6 Thomas Schreiner, *Commentary on Hebrews*, 546-547. 양용의, 『히브리서 어떻게 읽을 것인가』 (서울: 성서유니온, 2016), 337-338.

브리서 11장 39-40절과 수미상관을 이루고 있습니다. 믿음의 사람들은 보이지 않는 것을 보이는 것처럼 믿으며 살았습니다. 그들은 하나님의 말씀을 믿음으로 환경을 이기고, 고난을 감수하되 물러서지 않았고, 결국 세상이 감당할 수 없는 사람이라는 사실을 믿음의 행위를 통해 보였습니다. 믿음은 행함, 곧 믿음의 역사(役事)를 낳습니다. 그 믿음의 선진들은 약속을 받기도 하였지만(11:11, 33), 궁극적인 약속, 왕이신 그리스도의 오심을 체험하지는 못하였습니다. 구약 시대의 모든 믿음의 선진들이 약속된 하나님의 아들 예수 그리스도를 받아 누리지 못한 이유는 하나님께서 그를 신약 시대 성도들의 믿음을 위한 몫으로 남겨놓았기 때문입니다. 예수는 영원한 약속의 증거가 되시는 분으로 영원한 기업을 우리에게 주시는 왕이십니다(히 9:15). 그러므로 구약 신자의 믿음은 그리스도를 통한 믿음을 가지게 되는 신약의 신자들을 통하여 '더 좋은 것'으로 완결됩니다(11:40). 믿음의 장의 결론인 히브리서 11장 39-40절에 이르러 우리는 비로소 유대주의가 아닌 그리스도를 통해서 열려진 복음의 탁월한 소망을 마주하게 됩니다. 그러므로 핍박에 대한 굴복이나 배교는 성도에게 마땅한 바가 아닙니다.

III. 새 언약 공동체의 윤리 2: 소망 중에 인내를 이루라(히 12:1-29)

믿음의 선진을 소개하는 행진은 이제 절정인 예수 그리스도에 이르렀습니다. 예수 그리스도는 이전에 믿음의 행진을 한 모든 영웅의 궁극적인 소망이었습니다. 그리스도는 모든 성도가 따를 최고의 모범입니다. 그는 우리의 믿음을 시작하게 하시는 분이며, 또한 온전하게 하시는 분이십니다. 다시 말하면 그는 가장 확실한 믿음의 '원조'(pioneer, 元祖)이시며, 또 한편으로는 우리의 믿음의 소망을 완성하시는 '완성자'(perfector)이십니다. 그러므로 예수님은 우리의 소망이십니다. 예수를 믿어야 한다는 것은 그가 왕이심을 믿어야 한다는 것이고, 그분이 하나님의 나라의 주권을 가지신 분이자, 우리 백성을 낳으신 분이심을 믿어야 한다는 것입니다. 구약의 모든 제사를 온전하게 하시는 분 그리고 이제 새 나라 하나님의 도성을 지상에 시작하신 분이기 때문에, 우리는 소망을 그에게 두어야 합니다. 그를 순종과 섬김의 유일 목표로 삼아야 합니다.

1. 믿음의 모범이신 예수를 소망하라(히 12:1-3)

히브리서 전체에서 말하는 강조점은 배교하지 말라, 곧 예수 그리스도로부터 떨어지지 말라는 것입니다. 예수님은 믿음의 모범이요, 믿음의 가장 완벽한 '표상'(表象, representation), 곧 믿음의 나타남입니다. 그는 우리 믿음을 회복하기 위하여 바라보아야 할 가장 '완벽한 형상'(perfect image)입니다. 독자들은 그를 향한 소망을 가져야 합니다(히 10:19-31). 11장에 나타난 믿음의 선진은 바로 미래의 소망을 굳게 붙들고 믿음의 여정을 걸어온 사람들입니다. 그들을 따라 우리는 이제 뒤로 물러서지 않고, 소망 안에서 믿음으로 구원을 이루는 자들입니다(히 10:38-39). 믿음의 경주에서 우리가 굳게 붙들어야 할 예수는 우리 소망의 푯대입니다. 그리스도는 성숙의 과정에서 우리가 따를 가장 중요한 모범입니다.

이 소망을 이룸에는 인내가 필요합니다. 현재의 어려움과 고난은 장차 우리가 맞이할 영광에 족히 비교할 수 없습니다. 이제로부터 믿음의 경주를 하는 사람은 완벽한 목표가 되신 예수 그리스도를 바라보는 소망 안에서 인내하여야 합니다. 믿음, 소망, 사랑은 항상 있어야 하는데, 이 믿음을 흔들리지 않게 붙잡아 주는 것이 바로 소망입니다. "너희의 믿음의 역사와 사랑의 수고와 우리 주 예수 그리스도에 대한 소망의 인내를 우리 하나님 아버지 앞에서 끊임없이 기억함이니"(살전 1:3). 믿음의 삶은 마라톤과 같은 장거리 경주입니다. 11장이 믿음의 경주를 훌륭하게 수행한 구름 같이 둘러싼 허다한 증인의 열전(列傳)이라면, 우리도 실수 없이 구약의 신앙의 선배들과 같이 믿음의 경주를 잘 감당하여야 합니다.

그리스도는 여러 가지 면에서 우리로 하여금 소망으로 인내하게 만듭니다. 첫째로 예수는 허다한 증인들의 분명한 목표가 되십니다. 그는 모든 믿는 자의 믿음의 원조(pioneer), '아르케고스'(arkegos)입니다. 아르케고스란 지도자, 왕, 권세자, 원저자, 원조란 의미입니다. 그는 메시아왕국의 왕으로서 성도 각 개인의 완벽한 신앙의 모범일 뿐 아니라 우리의 주권자로서 교회의 머릿돌이 되십니다. 신자의 개인 윤리와 공동체 윤리의 초석이 바로 그리스도 안에 있습니다. 예수는 믿음의 원조로서 우리의 완벽한 목표입니다.

둘째로 그는 우리의 믿음을 완벽하게 하는 자, 완전하게 만드시는 분(perfector)입니다. 그는 구원의 은혜를 우리에게 보여주시고 떠난 자가 아니라 우리와 지금도 함께 계시며, 성령으로 도우시고 중보기도를 통하여 우리를 향한 자신의 뜻을 이루시는 분입니다. 그러므로 우리는 핍박과 환란의 순간마다 예수 그리스도를 기억하며 그의 이름으로 아버지에게 기도하여야 합니다.

셋째로 우리는 이 경주를 위하여 정리하여야 할 짐이 있습니다. 짐을 지고 장거리 달리기를 하는 사람은 없습니다. 괴나리봇짐을 지고 레슬링을 하는 사람은 없습니다. 11장에 소개된 구름같이 둘러싼 믿음의 영웅들은 무거운 것, 얽매이기 쉬운 것, 즉 죄의 짐을 벗은 사람들입니다.

넷째로 신앙의 경주를 하는 사람들이 예수님을 통하여 배워야 할 것은 인내하는 것입니다. 인내의 원조는 예수님이십니다. 예수님은 앞에 있는 기쁨과 영광을 위하여 고난을 통과하셨습니다. 모든 믿음의 선배들도 인내의 대가들입니다. 노아는 120년 동안 방주를 준비하여 홍수 이후의 세상을 준비하였고, 이스라엘은 이집트의 노예 생활 430년을 인내하였으며, 모세는 광야에서 40년을 인내한 후 지도자로 세워졌습니다.

2. 소망은 성도를 연단하여 승리로 이끈다

온전한 성숙을 소망하는 사람은 그 믿음의 경주를 하루아침에 끝낼 수 없습니다. 신앙의 성숙이란 완벽한 모범이신 예수를 따라 행진하는 과정에서 얻어집니다. 믿음의 연단은 시간을 필요로 합니다. 그리스도의 '형상을 모방'(the imitate of Christ's Image)하려면 훈련이 필요합니다. 그리스도 안에서 새로운 피조물이 된 사람은 이제 신앙의 성숙을 위한 부단한 경주에 들어가는데, 이 경주에서 승리하는 사람을 위하여 하나님의 좋은 선물이 예비되어 있습니다.

소망의 인내를 위하여 하나님의 말씀과 훈련을 받으라(12:4-6)

신앙은 종종 경주(race)로 비유됩니다. 신앙생활은 레슬링이나 권투와 같은 격투기로도 자주 표현됩니다. 믿음의 경주는 죄에 대적하는 싸움일 수 있지만, 종종 유혹이나 핍박에 대항하는 격투로 생각할 수도 있습니다. 로마제국에서 살아가는 당시의 신자들은 이미 네로의 박해와 같은 격렬한 공격을 겪었으나, 순교에는 이르지 아니한 사람들입니다. 고난 속에서 신앙의 싸움을 본격적으로 하지 않는 신자들은 이미 온, 혹은 앞으로 올 수도 있는 핍박과 유혹에 결연히 대응하기 위하여 하나님이 주신 경고의 말씀을 기억해야 합니다. 히브리서 기자는 신앙의 도전을 받고 있는 사람들을 향하여 이미 잠언을 통해 권면하였습니다. 그것은 바로 하나님의 징계하심을 가볍게 생각지 말고, 꾸지람을 받을 때에 낙심하지 말라는 말씀입니다. 하나님은 자녀인 우리를 훈련하시는데, 그 연단을 무시하지 말고, 그렇다고 연단을 받으며 용기를 잃지 말라는 점입니다. 하나님은 그 사랑하는 아들을 징계하고 '채찍질하십니다'(잠 3:11-12, LXX).[7] 최고의 교사이신 하나님 앞에서 성도는 두 가지 양극단을 배제하여야 합니다. 첫째는 '징계'(discipline), 곧 '훈련'을 가볍게 여기고 훈련에서 이탈하는 것입니다. 둘째는 그 반대로 '훈련'을 받다가 낙심함으로 탈락하는 것입니다.

우리의 소망은 훈련을 통해 거룩함을 추구하는 데 있다(12:7-11)

하나님의 아들과 사생아의 차이는 훈련의 유무에 있습니다. 고대사회에서 노예나 사생아와 같은 비천한 신분을 가진 사람을 교육시키지 않았습니다. 군사훈련이나 교양훈련은 시민에 속한 것이었고 노예의 것이 아니었습니다. 본문에서 징계(discipline, παιδεια)와 동일한 어근의 단어가 여덟 번이나 반복되어 등장하는데, 이것의 의미는 교육, 훈련입니다. 하나님의 연단과 훈련이 심할지라도, 그

---

7 슈라이너나 양용의 교수는 '채찍질한다'는 이 본문이 맛소라사본(MT) 보다는 칠십인역(LXX)의 본문을 인용한 것임을 확인한다. Thomas Schreiner, *Commentary on Hebrews*, 562-563. 양용의, 『히브리서 어떻게 읽을 것인가』, 349.

것이 없는 것이 더 수치스러운 일임을 저자는 가르치고 있습니다. 오히려 징계를 받을 때에 그것을 자녀의 자긍심으로 받아들이며, 하나님 아버지에게 더욱 공경함과 충성을 다하여야 합니다. 우리에게 소망을 두시고 훈련시키신 육신의 아버지를 우리가 공경하였다면, 하나님 아버지의 연단은 더욱 즐거워함으로 받아야 합니다. 하나님의 연단은 오직 우리의 유익을 위한 것이며, 그의 거룩하심에 참여하게 하려고 제공하는 것입니다. 훈련이 당시에는 너무 힘들고 어려워도 연단을 받은 사람들은 의로움과 평강의 열매를 맺습니다. 징계, 곧 훈련이란 성숙이라는 소망을 이루는 데 있어서 빼놓을 수 없는 과정입니다. 우리는 종종 세상의 핍박으로 나타나는 하나님의 훈련을 통과하며, 예수님의 '거룩하심에 참여하고', '의와 평강의 열매'(히 12:10, 11)를 맺어야 합니다.

소망으로 인내하는 성도가 경주를 마친다(12:12-13)

경주에서 죄의 짐(12:1, 4)을 줄이는 것이 매우 긴급한 일입니다. 경주를 위해 필요한 또 다른 조치는 피곤한 손과 연약한 무릎을 일으켜 세우는 일입니다. 수족이 강건하지 않은 채로 경주를 지속할 수 없기 때문입니다. 훈련의 과정은 경주를 위하여 약한 수족을 치료하고 강화시키는 일입니다. 이사야 35장은 이스라엘을 향하여 포로의 상태에서 돌아오는 회복의 노정을 말하고 있습니다. 시온을 향하여 돌아오는 자들은 '약한 손을 강하게 하며 떨리는 무릎을 굳게 하며'(사 35:3) 구속받은 사람들을 위하여 예비된 '거룩한 길'을 다녀야 한다(사 35:8)고 말합니다.

아울러 이사야 35장의 '거룩한 길'은 잠언에 등장하는 선한 자의 길과 의인의 길과 통합니다(잠 2:20). '곧은 길'을 만들어야 한다는 것은 경주의 진행 방향을 단거리, 즉 첩경을 택하여야 한다는 것입니다. 윤리적인 차원에서 볼 때, 이 길은 아버지가 가르쳐주는 즐거운 길이자 평강의 길이고 굽지 않은 지름길입니다(잠 3:17). 길에는 굽을 길과 험로가 있습니다. 경주자는 그 길을 잘 선택하여야 합니다. 잠언은 사악한 자의 길을 떠나고 악인의 길로 다니지 말라고 경계하며 그와 같은 길을 피하고, 지나가지 말며 돌이켜 떠나라고 합니다. 윤리적인 의미에서 우리는 경주를 늦어지게 하거나 실패시키는 우회로 혹은 재난의 길을 떠나야 합니다(잠 4:14-15). 선을 행함으로 우리 발이 나아가는 길을 평탄하게 하고 모든 길을 든든히 하여야 합니다(잠 4:26).

3. 소망을 가진 자는 인내하여야 한다

"인내는 쓰다. 그러나 그 열매는 달다." 이 격언은 영적으로도 의미가 있습니다. 훈련을 받아 인내한 사람들은 고난의 삶을 극복하면서 영적인 퇴보와 실패를 극복할 수 있습니다. 훈련을 통과하면서 거룩한 길을 걷는 사람들이 배교의 길을 가는 것은 드문 일입니다. 복음의 새 언약에 의하여 시온산, 곧 살아계신 하나님의 도성에 이른 신자들은 마땅히 구약의 믿음의 사람들보다도 더 나은 윤리적 열매를 맺을 수 있습니다. 이들은 두려움 때문에 순종하는 사람들이 아니라 계시의 궁극인 예수를 즐거워하며 감사함으로 새로운 은혜를 복음의 언약 안에서 체험하는 사람들이기 때문입니다. 예수 그리스도로 말미암은 새 언약은 배교를 촉발하는 열악한 환경을 이겨냅니다. 환란 속에서 이룰 승리를 위하여 히브리서 기자는 다음과 같은 윤리적 권면을 제공합니다.

소망의 사람은 에서처럼 세상에 매이지 않는다(12:14-17)

새 언약 속에 들어와 그리스도를 닮으려고 전진하는 사람은 세상에 얽매이지 않습니다. 그들은 화평함과 거룩함을 좇습니다. 소망 중에 인내하는 사람은 다른 사람으로 더불어 화평을 추구하며 거룩함을 추구합니다. 소망의 사람이 되지 못한 사례는 장자권을 빼앗기고 후회한 에서입니다. 그는 하나님 앞에서 동생 야곱과 화평함을 추구하지도 못했으며, 동생을 향한 분노를 가지고 살았습니다. 에서는 또한 헷 족속의 여인을 아내로 맞이하여 부모 이삭과 리브가의 마음에 근심을 주었습니다. 에서는 헷 족속의 아내가 부모의 기쁨이 되지 않는 것을 알고, 이미 있는 아내에 더하여 아브라함의 아들 이스마엘의 딸이요 느바욧의 누이인 마할랏을 다시 아내로 맞이하였습니다(창 28:8-9).

하나님을 떠나 우상을 섬기는 것은 영적인 음란과 함께 예식적인 음란에 참여하는 일입니다. 그러므로 우상숭배는 반드시 하나님과 원수가 되고, 결국에는 음란과 호색으로 치우쳐 거룩함도 상실하게 됩니다. 화평함과 거룩함은 그러므로 선택사항이 아니라 신앙의 필수적 열매입니다. 거룩함이란 배교와 타협의 반대입니다. 이는 마음의 청결함을 유지하는 것이며, 잘못된 가르침과 우상숭배에 굴복하지 않는 것이요, 믿음의 창시자요 완결자 되신 예수를 바라보며 따르는 것입니다. 거룩함을 추구하는 사람은 하나님을 보게 됩니다. 마음이 청결한 사람은 하나님을 볼 것입니다(마 5:8). 하나님의 은혜는 한 번 상실한 후에 기회가 다시 주어지지 않을 수도 있으므로, 주의 성도는 소망의 여정에서 절대로 배교에 이르러서는 아니 됩니다.

소망의 사람들이 이른 곳은 시내산이 아닌 시온산이다(12:18-24)

그리스도 안에서 복음의 소망을 가진 사람들은 구약의 시내산으로 돌아가지 않고 시온산에 이르게 됩니다. 율법에 얽매여있는 사람이 이른 곳은 육안으로 확인되고 만질 수 있는 불붙은 산, 흑암과 폭풍과 나팔 소리가 나는 두려운 산입니다. 이 산은 하나님의 두려운 임재가 있는 무서운 산이므로 모세도 심히 두렵고 떨린다고 말한 산입니다(히 12:18-21). 그 산은 짐승이라도 접근하면 돌로 쳐서 죽여야 할 산이요, 하나님의 백성들도 경계를 침범하지 않도록 경고를 받은 산입니다(출 19:12-13, 21-25). 거룩함을 유지하기 위하여 사람이나 짐승의 접근이 금지되었지만, 오직 모세와 아론만이 산에 오르는 것이 허용되었습니다(출 19:23-24).[8]

시내산이 지상적인 산이라면 시온산은 천상적 산입니다. 시내산이 두려움의 산이라면 시온산은 신령하고 은혜로운 산입니다. 히브리서 기자는 시온산을 다양한 표현으로 묘사하는데, 이 상징적인 일련의 표현은 시내산의 다양한 특성을 묘사합니다. 첫째로 시온산의 장소적 특성은 하나님의 도성이자 하늘의 예루살렘이라는 것입니다. 시온산이 하나님의 도성이라 함은 하나님이 계시면서 영원히 견고하게 하실 성입니다(시 48:8). 그 하나님의 도시인 예루살렘은 천상적인 예루살렘으로 하나님이 직접 통치하시는 하늘의 처소이며, 이는 믿음의 선진들이 본향으로 삼고 소망하였던 곳입니다. 이는 하나님께서 친히 건축하셔서 예비하신 곳입니다(히 11:10, 13-16). 복음 안에서 이 시온산을 찾을 것인가 아니면 율법으로 돌아가 두려운 시내산에 이를 것(갈 4:24-26)인가? 우리의 선택은 자명합니다.

둘째로 시온산에는 거주하는 자들이 있습니다. 먼저 이들은 수많은 천사이며, 하늘의 생명책에 기록된 성도, 즉 장자들의 모임이자 교회입니다. 천사와 사람들이 함께 거주하는 종말의 도시는 성경의 가르침과 일치합니다. 천상의 시온산에는 '축제를 벌이고 있는 수많은 천사들'(innumerable angels in festal gathering, NRSV)이 있

---

8 양용의, 『히브리서 어떻게 읽을 것인가』, 361-363.

습니다.9 이 즐거움의 향연에 참여하고 있는 사람들은 하늘의 생명책에 기록된 장자들이며, 이는 복음으로 생긴 교회, 곧 성도의 공동체를 의미합니다.

셋째로 시온산에는 만인의 심판자이신 하나님께서 계시고, 온전하게 된 의인이 있습니다. 하나님은 심판자이십니다. 그리고 의인이란 하나님의 심판을 벗어나되 예수 그리스도의 피로 말미암아 벗어나고, 하나님의 자비하심을 덧입게 된 의인으로 인정함을 받은 사람입니다. 여기서 심판의 하나님을 거론하는 것은 멸망의 두려움이 아니라 그리스도 안에서 의인들이 심판을 이기고 자랑하며, 천상의 즐거움에 동참하고 있음을 보여주려는 것입니다.

넷째로 시온산에서 빠질 수 없는 것은 예수 그리스도와 그의 속죄의 피입니다. 그리스도의 보혈을 흘려 우리의 죄를 영원히 단번에 구속하는 새 언약은 시온산에 있는 구원받은 성도들에게 적용되는데, 오직 예수의 피는 의인 아벨의 피의 효력을 넘어서서 죄인을 의롭게 변화시키는 능력의 피입니다. 그리스도의 피는 효능에 있어서 구약의 제사를 통하여 드려지는 짐승의 피와 비교할 수도 없으며, 아벨의 흘린 피보다도 더 능력이 있는 구속의 피로서 구원과 죄 용서의 기쁨과 감격을 불러일으키는 능력의 피입니다. 시온산은 믿음 안에서 살아가는 사람에게 소망의 인내를 이루도록 하는

---

9 개역성경, 개역개정 성경에는 이 부분이 빠져 있다. NIV성경도 NRSV와 비슷하게 번역이 되어있다. "thousands of angels in joyful assembly." 이필찬, 『히브리서』 (서울: 이레서원, 2004), 343.

미래 천국의 드러남입니다. 이 하나님의 도성은 이미 우리 안에 복음으로 도래한 나라이며, 미래에는 반드시 완전함에 이를 신령한 나라입니다.

4. 소망의 인내에는 끝이 있다

히브리서 12장에서는 배교의 위험에 처한 교회를 향하여 소망을 가지고 인내의 경주를 할 것을 요청하였습니다. 이제 히브리서 기자는 "하나님의 나라에 합당한 삶을 살라"는 마지막 경고(12:25-29)로 12장을 마칩니다. 배교에 대한 경고는 히브리서의 전체를 관통하는 주제로서 이제 12장 마지막 부분에 와서 결론지어집니다.

첫째 경고(2:1-4)	"흘려 떠내려가지 않도록 하라."
둘째 경고(3:7-4:13)	"안식에 들어가도록 믿음과 순종에서 떠나지 말라."
셋째 경고(5:11-6:12)	"대제사장인 예수를 저버리고 타락에 이르지 말라."
넷째 경고(10:26-31)	"피로 세운 새 언약을 거절하면 형벌을 면치 못한다."
다섯째 경고(12:14-29)	"믿음과 소망 가운데서 끝까지 인내하라."[10]

이러한 맥락에서 볼 때, 12장의 다섯 번째 경고는 13장의 사랑의 윤리에 대한 마지막 권면을 소개하기 전에 12장을 완결하면서 13장을 여는 최종적인 경고입니다. 비교적 긴 경고와 권면(12:14-29) 가운데 있는 마지막 부분 12:25-29의 최종 경고는 "말씀하시는 이를 거역하지 말라"는 것입니다.

그리스도를 거역하지 말라(히 12:25-27)

모세를 통하여 말씀하신 분은 하나님 아버지이십니다. 그러나 복음의 말씀은 그리스도의 성육신을 통하여 주어졌습니다. 선지자를 통하여 주신 율법을 지키지 못함으로 심판을 피하지 못하였다면, 하늘에서 친히 오셔서 계시하신 아들의 복음을 거역하는 것은 더 큰 심판을 받을 것으로 알고 두려워하여야 합니다. 25절의 성도들을 향한 경고는 그러므로 '삼가라'는 말로 시작합니다. 복음을 받은 신자들은 우선 하늘로부터 계시를 주신 성 삼위 하나님 앞에서 스스로 삼가야 합니다(12:25). 신자들은 배교가 가져올 두려운 미래 심판을 생각하면서 삼가야 합니다. 이전의 시내산에 임재하신 하나님은 산을 진동시키셨던 두려움의 하나님이셨고, 금송아지를 섬기는 우상숭배와 권위를 거역한 고라 자손의 반역을 심판하신 하나님이십니다. 그 옛날 하나님이 땅을 진동하셨다면, 이제는 땅만이

---

10 양용의, 전게서, 38-40; Schreiner, *Commentary on Hebrews*, 46-49.

아니라 하늘을 함께 진동시킬 분이시며, 피조물을 변동시킬 분이십니다(학 2:6; 히 12:26-27). 하나님의 명령 앞에서 땅은 출렁이고 나무는 뛰노는 지진이 납니다. 땅만 아니라 하나님의 명령에 하늘도 진동하므로 영원한 온전함에 이를 것입니다.

종말론적 신앙으로 하나님을 기쁘게 섬기라(히 12:28-29)

온 세상의 진동에도 불구하고 하나님의 나라는 흔들리지 않습니다. 땅이 흔들리는 심판 중에서도 흔들리지 않는 견고한 나라가 있으니 이는 하나님의 나라입니다. 소멸하시는 불이 된 하나님은 하늘과 땅과 바다와 육지를 흔들고 모든 나라를 흔들지만, 그러한 상황에서도 흔들리지 않는 나라가 있는데, 이는 그리스도의 나라요, 변함없는 하나님의 영원한 통치 아래에 있는 하늘나라입니다. 그러므로 믿음으로 이 나라에 들어온 우리들은 은혜를 기억하며 경건과 두려움으로 하나님을 기쁘게 섬겨야 합니다(12:28). 고난이 온다 하더라도 소망 중에 성도들의 인내와 믿음이 필요합니다. "사로잡힐 자는 사로잡혀 갈 것이요 칼에 죽을 자는 마땅히 칼에 죽을 것이니 성도들의 인내와 믿음이 여기 있느니라"(계 13:10).

IV. 새 언약 공동체의 윤리 3: 사랑의 수고를 이루라
(히 13:1-25)

　　종말론적 신앙이란 그리스도의 임박한 재림을 기다리면서 사는 믿음인데, 이는 반드시 선한 열매를 맺습니다. 성도를 향한 하나님의 뜻은 '믿음, 소망 그리고 사랑'을 잃지 않는 것입니다(고전 13:13). 종말론적인 신앙을 가진 데살로니가 교회의 성도들은 이 세 가지 덕목이 열매를 맺어 믿음의 역사와 소망의 인내와 사랑의 수고를 가졌습니다. 우리는 히브리서 11장에서 '믿음의 역사'를 드러내는 신앙의 선진들을 살펴보았고, 12장을 통하여 '소망의 인내'를 드러내는 성도에 관한 가르침을 받았습니다. 이제 히브리서 13장에서는 '사랑의 수고'를 드러내는 성도의 윤리를 살피려고 합니다.

　　사랑의 수고는 개인의 신앙에서 그리고 공동체적 삶에서 나타나야 합니다. 그리고 13장의 마지막 윤리적 강조는 선교적 공동체를 위한 기도의 교통을 강조하는 것으로 마무리됩니다. 히브리서 13장을 사랑의 윤리라는 관점에서 풀 때, 13장 1-6절은 사랑의 윤리의 개인적인 차원이며, 13장 7-17절은 사랑의 윤리가 가지는 공동체적 차원을 그리고 마지막 13장 18-25절의 내용은 사랑의 윤리가 공동체를 넘어선 선교적인 차원이 있음을 논의할 것입니다.

1. 사랑의 윤리가 가지는 개인적 차원

탁월한 그리스도의 증거는 하나님 아버지의 사랑과 자비의 궁극적 계시를 보여줍니다. 성 삼위 하나님의 사랑은 그리스도의 십자가의 제사를 통하여 분명히 나타났고, 이러한 사랑을 체험한 성도는 세상의 빛입니다. 신성한 사랑을 받은 성도의 삶은 '사랑의 수고'로 나타나고, 이 사랑의 윤리는 나의 개인적인 삶으로부터 시작됩니다. 모든 윤리는 개인적인 지평이 있습니다. 개인적인 차원에서 우리의 삶의 태도가 타인을 향하여 드러나게 된다면, 다음과 같은 모습이어야 합니다.

형제를 사랑하고 손님을 대접하라(히 13:1-3)

이웃 사랑의 삶은 가까운 곳으로부터 시작됩니다. 우리 주변의 형제와 혈육의 친척을 돌아보지 아니하면 불신자보다 더 악하다고 성경은 가르칩니다. 가장 가까운 이웃인 우리의 가족, 친척과 주변의 성도들과 함께 사랑을 나누어야 합니다. 형제 사랑하기는 일시적으로 마쳐지는 것이 아니라 계속하여야 할 과업입니다. "형제 사랑하기를 계속하라"(13:1)는 말은 형제 사랑의 행위가 선택의 문제가 아님을 우리에게 알려줍니다.

형제를 사랑하는 일은 이제 가족이나 성도들을 지나서 나그네를 대접하는 일로 확산되어야 합니다. 지금처럼 숙박업이 발전되어 있지 않았던 때에 이웃을 대접하는 일은 성도나 그 마을의 도덕성의 드러냄이었습니다. 더욱이 복음을 전하는 순회선교사들을 맞이하여 그들을 잘 대접하는 것은 복음을 위한 사역에 함께 헌신하는 것이었고, 아브라함이 부지중에 천사를 대접한 것과 같은 선한 전통을 따르는 성도의 아름다운 실천이라고 가르치며 격려합니다.

아울러 형제 사랑은 감옥에 있는 사람을 돌아보는 것으로 나타나야 합니다. 당시의 감옥은 현대의 감옥처럼 의식주를 제공하는 장소가 아니었습니다. 지금도 제3세계의 감옥이 형을 살고 있는 사람들에게 종종 일상용품을 제공하지 않는 것처럼 로마 시대의 감옥은 철저한 고난의 장소였습니다. 감옥에 있는 사람을 돌아보는 일은 종종 그 사람의 생존에 관련된 문제였고, 이를 행하는 것이 그리스도인의 미덕이라고 말하고 있습니다.

결혼을 귀중히 여기며 침소를 더럽히지 말라(히 13:4)

미디어를 접할 때에 빠지지 않고 등장하는 단골 메뉴 중의 하나는 불륜, 성적인 타락과 가정의 파탄 등입니다. 성적인 문제는 동서고금을 막론하고 죄의 목록에서 결코 빠지지도 않고 뒤로 밀리지도 않는 항목입니다. 예외 없이 모든 사람은 결혼을 귀히 여기고, 침상을 더럽히지 말아야 합니다. 하나님의 변함없는 성 윤리의 기초는 "남자가 부모를 떠나 그 아내와 연합하여 둘이 한 몸을 이룰지니라"(창 2:24, 마 19:5, 엡 5:31)는 것입니다. 이는 창세기로부터 하나님께서 세운 가정의 지침이고, 예수님에 의하여 재확인되었고, 바울 사도에 의하여 다시 반복되고 확인된 사항입니다. 결혼의 신실성은 형식상의 유지뿐만이 아니라 그 내용에 있어서 법적인 것과 심리적, 인격적인 교제와 육체적인 정결함(fidelity)을 포함합니다. 성적 타락은 인간의 내면과 신앙의 정체성에 가장 심각한 손상을 주는 것이므로 철저히 조심하여야 할 것입니다. 더구나 음행하는 자와 간음하는 자들은 다른 사람의 가정을 파괴한 것이므로 하나님께서는 중죄(重罪, mortal sin)로 다스리십니다. 구약성경에서는 성적인 타락은 살인, 우상숭배와 함께 돌로 쳐서 죽이는 중죄에 속한 것이었습니다. 죄를 인식하는 차원에서 우리는 경죄(輕罪, venial sin)나 중죄를 막론하고, 우리가 죄인 됨을 자인할 수밖에 없지만, 모든 죄가 같은 종류의 죄는 아닙니다. 믿음에 심대한 영향을 미치는 중죄가 있다는 사실을 우리가 기억하여야 합니다. 간음은 몸 안에 짓는 죄이기에 그 파괴적 영향이 매우 큽니다. 성경은 아울러 혼인과 상관없이 저지르는 음행(fornication), 혼인 당사자가 짓는 범죄로서의 간음(adultery), 근친상간(incest)과 동성애(homosexuality)를 정죄합니다.[11]

---

11 요즈음은 동성애를 더욱 자세하게 분류하여 LGBTQ를 거론한다. 이는 레즈비언(Lesbian), 게이(Gay), 양성애(Bisexual), 성전환자(Trans-gender)와 성 정체성 미정의 상태(Queer)를 줄여서 부르는 명칭이다.

돈을 사랑하지 말라(5-6)

돈은 모든 인류의 역사에 걸쳐서 변하지 않는 우상의 위치에 있고, 하나님을 향한 경배에 필적하는 숭배를 요구하는 존재입니다. 예수님은 "하나님과 재물을 겸하여 섬길 수 없다"(마 6:24)고 가르치셨습니다. 사도 바울은 "돈을 사랑함[필라르귀리아]이 일만 악의 뿌리가 되나니 이것을 탐내는[오레고마이] 자들은 미혹을 받아 믿음에서 떠나 많은 근심으로써 자기를 찔렀다"(딤 6:10)고 말하며 돈에 대하여 경고하였습니다. 예수님의 가르침 가운데서 '재물'로 표현된 단어는 '맘몬'(mammon)인데, 이 단어의 의미는 돈, 재산, 재물의 신(神)을 의미합니다. 종종 신성화된 존재로 격상된 돈은 하나님의 위치에 올라 인간의 숭배와 굴복을 요구합니다. 그러므로 재물과 돈을 과도히 섬기면서 하나님을 동시에 섬길 수는 없습니다.

히브리서 13장 5절의 "돈을 사랑한다"(love of silver or money)는 말, '필라르귀리아'는 사랑이라는 단어 '필로스'와 '알귀로스'(silver)를 합성한 단어입니다. 그러므로 본문의 돈을 사랑하지 말라는 단어는 부정을 나타내는 '아'를 붙여서 '아필라르귀로스'라는 복합형용사의 형태로 "돈을 사랑하지 말라"는 경고입니다. 돈을 사랑하지 않는 것은 가진 것을 족한 줄로 여기는 자족하는 마음에서 나옵니다. 그리고 진정한 자족이란 하나님이 우리를 지켜주신다는 확신 속에서 생겨납니다. 바울이 말한바 돈을 탐내지 말라는 것, 즉 '오레고마이'라는 단어는 '소망하다, 열망하다, 사랑에 빠지다'라는 의

미의 단어입니다. 돈과 사랑에 빠지는 이 같은 재난을 극복하기 위하여 히브리서 기자는 하나님 안에서 자족한 마음을 가지라고 권면합니다. 그러므로 히브리서 기자가 말하는 "돈을 사랑하지 말라", '아필라르귀로스'는 돈을 섬기지 말고, 탐심 때문에 돈을 사랑의 대상으로 삼아 섬기지 말라는 것입니다.

돈을 사랑하지 않는 사람들의 윤리적 대안은 '자족함'입니다. 인생의 뜻을 소유의 확장에 두지 않는 자족한 마음을 가질 수 있는 이유는 우리를 버리지 않고 떠나지 아니하시는 하나님을 믿기 때문입니다. 히브리서 기자는 세상의 피조물인 돈을 우상숭배하지 않기 위하여 하나님을 붙들며 불안해하지 말라 가르치고 있습니다. 히브리서 기자는 신명기 31장 6절과 시편 118편 6-7절을 인용하여 우리가 믿음 안에서 강하고 담대할 것을 가르치고 있습니다.[12]

2. 사랑의 윤리의 공동체적 차원

사랑의 윤리는 개인적인 차원과 함께 공동체적 차원을 가지고 있습니다. 히브리서 기자가 13:1-6에서 성도의 개인 윤리를 말하

---

12 "너희는 강하고 담대하라 두려워하지 말라 그들 앞에서 떨지 말라 이는 네 하나님 여호와 그가 너와 함께 가시며 결코 너를 떠나지 아니하시며 버리지 아니하실 것임이라 하고"(신 31:6). "여호와는 내 편이시라 내가 두려워하지 아니하리니 사람이 내게 어찌할까 여호와께서 내 편이 되사 나를 돕는 자들 중에 계시니 그러므로 나를 미워하는 자들에게 보응하시는 것을 내가 보리로다"(시 118:6-7).

고 있다면, 이제 7-17절까지는 교회라는 공동체 속에서 어떻게 이 단의 유혹과 거짓된 가르침이 낳는 배교의 가능성을 극복할까를 가르칩니다. 이단과 거짓 교사가 발호하는 상황 속에서 중요한 것은 영적인 지도자를 잘 분별하여 아는 것입니다. 공동체 윤리는 무엇보다도 좋은 지도자를 모방하는 것이 가장 기본적이고 안전한 일입니다. 따라서 7-17절 공동체 윤리의 처음과 마지막은 과거의 지도자를 본받는 일(13:7-9)과 현재의 지도자를 본받는 일(13:17)로 둘러싸여 있습니다. 그리고 최고의 중요한 지도자는 그리스도라고 강조합니다(13:10-16). 이 같은 대칭 구조에서 가장 강조되는 부분은 중심에 속한 부분입니다.

A1 과거의 지도자를 본받는 윤리(히 13:7-9)

B 최고의 지도자 예수를 본받는 윤리(13:10-16)

A2 현재의 지도자를 본받는 윤리(13:17)

과거의 지도자를 사랑하라(13:7-9)

시대를 관통하는 바른 신앙을 우리는 사도적 신앙이라고 말합니다. 물론 그리스도는 우리의 유일한 신앙의 원조이지만, 우리는 그리스도를 직접 만남으로 복음을 받지 않았습니다. 그리스도를 믿는 신앙을 우리에게 전달한 사람은 사도들입니다. 이 믿음의 선배 중에서 가장 오래된 분들은 예수 그리스도에게 직접 만나서 가르침을 받았던 사도이며, 이 사도적 신앙을 계승하는 것이 후대의 책임입니다. 과거의 지도자를 기억하는 것과 그들의 행위의 결말을 되돌아보면서 우리의 믿음을 세워나가는 일은 윤리적인 성숙에 있어서 매우 중요한 부분입니다.

7절에 이어 사도적 신앙의 계승을 하는 데 있어서 샛별처럼 밤하늘의 어둠을 밝히고 인도하는 분은 바로 그리스도 예수이십니다. 그는 어제나 오늘이나 영원한 미래에도 불변(히 13:8)하시는 분이십니다. 그는 변함없이 동일하신 분이시며, 모든 사도적 가르침의 핵심이자 공통분모입니다. 따라서 사도적 신앙의 전승은 반드시 그리스도를 드러나게 할 수밖에 없습니다. 히브리 저자는 아들의 동일 불변성(1:12)을 이미 강조하였으며, 그 가르침과 능력의 영원성(5:6, 9, 6:20, 7:17, 21-25, 28, 9:12, 15, 10:14)을 여러 곳에서 이미 설명하고 있습니다.

구체적으로 과거의 지도자를 살피면서 모방하는 것은 결국 그리스도를 모방하는 것입니다. 사도적 신앙의 정체성은 결국 그리스도를 따르는 신앙입니다. 그러므로 신앙의 공통분모로서의 그리스도의 형상을 범사에서 회복시키는 것은 우리가 마땅히 걸어야 할 길입니다. 믿음의 선배를 좇는 일은 그리스도를 좇는 일이며, 그리스도를 좇는 일은 여러 거짓된 교훈을 청산하는 방법입니다. 거짓 교사나 유대주의자들이 미혹하는 것처럼 음식의 규례를 좇는 것으로 의로움을 삼으려 하는 것은 옳지 않은 일이며, 마음의 정결함은 오직 입으로 들어가는 음식으로 말미암음이 아니라 하나님의 은혜

로서 주어지는 것입니다. 구약의 규례에 매여 과거로 회귀하는 것
은 영적으로 결코 유익이 되지 않는 일입니다.

현재의 지도자를 사랑하라(히 3:17)

현대와 같은 권위의 붕괴를 맞이한 시절에 "너희를 인도하는 지
도자에게 복종하라"는 권면은 인기 없는 권면일 수도 있습니다. 그
러나 복음 속에서 성도들의 영혼을 위하여 자신이 마치 하나님 앞
에서 책임을 질 사람처럼 경성하고 투자하는 지도자를 따르는 것은
마땅히 신앙의 제자들이 하여야 할 일입니다. 배우는 사람들은 먼
저 순종하고 복종하는 것을 배워야 합니다. 더 나아가 현재의 지도
자들이 즐거움과 보람으로 주의 사역을 할 수 있도록 근심시키지
않도록 하여야 합니다. 신앙의 지도자에게 가장 보람 있는 일은 어
려운 상황에서도 낙심과 후퇴 없이 받은 복음을 배반하지 않고 지
도자와 함께 더불어 신앙의 경주를 착실하게 달려가는 후배입니다.
땅의 지도자를 즐겁게 하지 못하며, 하나님을 즐겁게 하거나 그리
스도를 즐겁게 하기는 더더욱 어려울 것입니다. 복음 안에 있는 현
재의 지도자를 착실하게 따르는 것이 그를 보내신 예수 그리스도를
기쁘게 하는 일입니다. 당시의 교회에 세워진 지도자를 떠나 유대
교로 돌아가는 것은 예수님에게나 당시 교회의 지도자들에 대한 배
신입니다.

최고의 지도자 예수를 사랑하라(히 13:10-16)

기독교 공동체 어디에서든지 우리의 유일 지도자는 예수 그리스도이십니다. 기독교 윤리는 그러므로 그리스도 중심의 윤리이며, 그리스도를 따르는 윤리이며, 그리스도의 통치에 복종하는 윤리입니다. 궁극적인 계시이자 궁극적인 교사요, 우리 믿음의 유일한 창시자요 완성자 되시며, 사도적 삶의 원천(源泉)이 되시는 예수님을 사랑하고 본받는 윤리의 핵심은 사랑의 실천입니다.

지상에서 드렸던 속죄 제사는 그리스도께서 이루신 속죄에 대한 예표입니다. 그리스도가 십자가를 통한 대속의 제사를 드린 후에 하늘에 또 다른 제단이 있을 필요가 없습니다. 더 이상 지상에서 제사를 드릴 필요도 없는 것은 이미 그리스도께서 멜기세덱의 질서를 따라 영원히 단번에 제사를 드리셨기 때문입니다.[13] 대속죄일(the Day of Atonement)에는 대제사장이 자신을 위하여 송아지를 그리고 백성을 위하여 숫염소를 속죄제로 드렸습니다. 백성의 속죄를 위한 피가 지성소의 시은좌(施恩座, mercy seat)에 뿌려지고 난 다음에, 남은 모든 제물의 살과 가죽과 내장은 영문(營門, camp) 밖으로 태워지기 위하여 나갔습니다. 성도들은 그러므로 더 이상 성전에 머물러 있을 존재가 아니라 그리스도가 영문 밖의 십자가를 지기 위하여 나아간 것처럼 영문 밖으로 나아가야 할 존재입니다.

---

13 Schreiner, *Commentary on Hebrews*, 613-614.

히브리서 기자는 "영문 밖으로 나아가라"는 독특한 명령을 통하여 "십자가를 지고 그리스도를 따르라"는 중요한 윤리적 지향점을 우리에게 제시합니다.

이러한 명령은 첫째로 성도들이 유대교의 제사법을 따르는 제단에 더 이상 머물러 있어서는 아니 됨을 가르쳐줍니다. 더 이상 짐승의 제사는 필요 없습니다. 예수님께서는 이미 대속죄일을 통한 율법의 모형을 탁월하게 이루셨기 때문입니다. 둘째로 예수를 믿던 자들이 다시 유대교로 복귀한다는 것은 완전한 속죄제를 드린 그리스도를 버리는 일이며, 이전의 열등한 상태로 돌아가는 것입니다. 셋째, 성도들의 삶은 이제 성문 밖에서 고난을 받으신 그리스도를 따라 성문 밖으로 나아가는 것입니다(히 13:12-13). 이는 날마다 우리의 옛사람을 십자가에 못 박는 삶입니다.

성문 밖으로 나아가는 삶이란 더 이상 이전의 구습을 따르지 않는 역동적인 고난의 삶으로 특징지어집니다. 그리스도는 치욕을 지고 성문 밖으로 나아가서서 십자가에 달리셨으므로 그 사랑의 복음을 깨닫는 자는 모두 그리스도의 남은 고난에 참여하는 것을 거부하지 말아야 합니다. 영문 밖으로 나아가는 사람의 윤리는 이 땅의 예루살렘 성전으로 대표되는 종교나 이집트의 왕궁에서 벌어지는 정치를 좇는 것이 아니라 오직 영원한 하늘의 도성을 바라보면서 환란을 이기며 나그네의 삶을 살아가는 것입니다. 모세는 공주의 아들의 지위를 버리고 애굽을 떠나므로 그리스도를 위하여 봉사할 수 있었습니다. 기생 라합은 장망성 여리고를 등짐으로 그리스도의 족보에 들어올 수 있었습니다. 그러므로 유대교의 성소인 땅 위의 예루살렘을 찾기보다는 하늘의 예루살렘을 찾으며, 땅 위에서는 그리스도를 위하여 행동함이 그리스도를 사랑하는 삶입니다.

그리스도를 사랑하는 구체적인 윤리적 모습은 그러므로 예수로 말미암는 찬송의 제사를 드리는 일입니다. 이는 그 이름을 증언하는 입술의 마땅한 열매입니다. 예식상의 예배와 연속선상에서 선행과 나눔의 삶 또한 일상에서 드려지는 아름다운 예배가 됩니다. 의식(ritual)으로서의 예배와 삶으로서의 예배는 짝을 이루어야 하며, 어떤 한 부분도 소홀이 되어서는 아니 됩니다. 신앙과 윤리, 예배와 삶은 동전의 양면과 같은 조화로운 짝이자 아름다운 신앙의 상보적 측면입니다.

3. 선교적 삶은 사랑의 지극한 표현이다

최종적인 권면이자 결론에 해당하는 히브리서의 마지막 부분 (히 13:18-25)은 저자를 위한 기도의 요청(13:18-19), 수신자를 위한 기원(20-21), 마지막 권면(22), 인사(23-24)와 축도(25)로 이어집니다.[14] 이러한 서신의 마무리는 외견상 신약에 소개되는 서신의 일반적인 형식을 따르고 있지만, 여기서는 마지막 인사의 대부분이 기도에 대한 요청으로 집중됩니다. 복음을 전파하기 위하여 한때

---

14 Schreiner, *Commentary on Hebrews*, 623.

같이 있었던 공동체를 떠난 필자는 복음 안에서 고난을 받는 중에 기도를 부탁합니다. 동시에 교회의 동역자들이 복음을 버리지 않고 영적인 건강을 누리면서 하나님 안에 거하도록 기도해 달라고 부탁합니다. 이러한 기도의 교제가 필요한 이유는 수신자 공동체와 발신자 공동체 모두가 복음 안에서 사명을 감당하는 선교공동체이기 때문입니다. 복음 전파의 관점에서 어떻게 각 공동체가 기도의 노력을 하여야 하는지를 본문은 강조하고 있습니다.

피차의 기도는 선교를 위한 기본적인 사역이다(히 13:18-21)

복음 전파를 위하여 공동체로부터 멀리 떨어져 있는 필자는 간절함으로 기도를 요청합니다. "우리를 위하여 기도하라", "우리의 복귀를 위하여 기도하라"는 부탁은 혹시 필자가 돌아갈 수 없는 열악한 상황, 혹은 과중한 영적 부담이나 수감 생활과 같은 어려움을 배경으로 하여 요청된 것일 수도 있습니다. 복음 전파는 선한 의도와 선한 양심으로 하는 것이지만, 사탄의 공격을 일으키는 일일 수 있습니다. 자신의 신실함에도 불구하고 선교에 어려움이 따를 수 있기 때문에 복음 전파자가 당하는 고난을 혹 시험과 근심거리로 생각하지 말고, 기도의 제목으로 삼아 기도해 주기를 간구하고 있습니다. 아울러 히브리서 발신자는 속히 즐거움으로 교제를 나누게 될 만남을 위하여 수신자의 강력한 기도를 부탁합니다.

사랑의 기도는 주고받아야 합니다. 기도의 합주는 시간과 공간을 초월하여 지속되어야 합니다. 히브리서 저자는 자신을 위하여 기도를 부탁한 후에 수신자들을 위하여 아름다운 기원을 드리고 있습니다. 하나님은 그리스도에게 부활을 허락하사 영원한 피의 언약을 승리로 완결하신 평강의 하나님이시라고 단언합니다. 하나님은 그리스도를 통하여 우리에게 평화를 주시는 아버지이시며, 이 하나님 아버지께서 수신자들에게 하나님의 뜻을 행할 수 있는 능력 주시기를 기원하고 있습니다. 아버지의 뜻이 하늘에서 이루어진 것과 같이 땅에서도 이루어지기를 히브리서 기자는 간구하고 있습니다. 평강의 하나님은 자녀들이 사명을 감당하도록 구비시키고, 훈련시키고, 무장시키시는 아버지입니다. 기도의 중심 내용이 된 동사 '온전하게 함'(equip)이란 그의 뜻을 교회 가운데서 '이루게 함'(work)입니다. 온전하게 하거나 갖춘다는 말은 하나님의 뜻을 이루기 위하여 필요한 영적인 무장을 갖추는 것을 의미합니다. 준비 없는 성취는 불가능합니다. 우리는 열매를 얻기 위하여 하나님의 갖추어 주심, 구비(具備, equipment)를 필요로 합니다. 더욱이 "영광이 그에게 세세무궁토록 있을지어다"(21)라는 간구에서 그 영광이 돌려지는 대상을 확정할 수는 없지만, 아버지와 함께 그리스도로 보는 것도 불가능하지는 않습니다.[15] 이러한 해석이 가능하다면, 축도를 통하여 필자는 하나님께 영광을 돌릴 뿐만이 아니라 예수 그리스도에게 영광을 돌리고 있습니다. 모세를 뛰어넘는 그리

---

15 Schreiner, *Commentary on Hebrews*, 626-627.

스도에게 영광을 돌리는 것이 자연스럽고 아름답습니다. 하나님께서 자신의 영광을 취하실 뿐만이 아니라 아들을 영광스럽게 하시는 분이시므로 아버지와 아들은 영광을 받으시기에 합당합니다.

선교 사역과 동역자 사랑의 중요성(히 13:22-25)

복음을 전파하는 선교의 현장에서 피차간의 사랑의 중요성은 아무리 강조해도 지나치지 않습니다. 히브리서 저자는 편지를 받는 사람을 '형제들'이라 부르고 있으며, 또한 자신과 같이하는 '형제' 디모데가 감옥으로부터 놓여났음을 전하고 있습니다. 저자는 '형제'라는 그리스도께서 성도에게 사용하신 명칭(히 2:11-12)을 다시 수신자들에게 사용하고 있습니다. 오히려 그리스도 안에서의 형제 됨은 혈육의 공동체가 가진 형제 됨보다도 더욱 깊어질 수도 있습니다. 부모와 친척이 그리스도 안에서 만나지 않으면, 오히려 '사람의 원수가 자기 집안 식구'(마 10:36)가 될 수 있습니다. 그러나 그리스도의 사랑 안에서 만난 형제가 영적인 가족 관계 속에 있기 때문에 권면하고, 위로하며 편지하고, 방문하며 교제하는 새로운 관계로 존재하여야 합니다.

성령 안에서 선교라는 공동 목표를 가진 신앙공동체는 따라서 공간을 넘어서고 환경을 넘어선 존재들입니다. 이 아름다운 관계는 국경과 인종을 넘어섭니다. 유대인이나 이달리야에서 온 사람들도 문안과 교제의 대상이 되며 디모데와 같은 헬라의 피가 섞인 사람도 사랑의 가족에 포함된 사역자입니다. 격리된 공간을 넘어서 복음을 위하여 전달된 이 편지는 그리스도의 복음을 가진 사람들이 수많은 장애물을 넘어서는 위대한 사랑의 능력을 보여주고 있음을 예증합니다.

V. 나오는 말: 확신과 비판 사이에서

근대는 변치 않는 진리, 단일한 거대 진리가 존재한다는 가정을 가지고 발전하여 왔습니다. 그러나 제1, 2차 세계대전을 마치면서 당시의 지성들은 인간성 자체에 대한 절망과 불신을 표현하기 시작했습니다. 진보(progress)를 확신했던 계몽주의적 지성은 세계대전의 비인간화를 경험하면서 인간의 윤리적 한계성과 죄성(罪性)을 깨닫게 되었습니다. 포스트모던의 인간 이해는 이러한 계몽주의적 확신에 대한 회의와 서구 중심 문화에 대한 의심 위에서 시작하였습니다.

인간의 지식은 기술적인 축적이 가능한 합리적 측면이 존재함과 동시에 전혀 비이성적인 인간의 구조적 연약성을 가지고 있음을 인정하지 않을 수 없게 되었습니다. 윤리적 차원에서의 오류를 범할 수밖에 없는 인간은 항상 범죄의 가능성, 즉 가류성(可謬性, fallibility)을 향하여 넓게 열린 인간임을 자각하게 되었습니다. 그러므로 발전되고 축적되는 지식의 기술적(技術的) 차원에 있다면, 인간은 죄성이라는 인간의 허약성과 윤리적 한계라는 진보하지 않는 측면을 동시에 가지고 있음을 알게 되었습니다. 한편으로 인간의 합리성과 진보 그리고 다른 한편으로 인간의 윤리적 정체성과 허약성의 변증법 속에서 인간의 구원은 어디에서 올 수 있겠습니까? 기독교인으로서 포스트모더니즘을 소화하여 소개한 세계적 철학자 폴 리쾨르(Paul Ricoeur)는 지식의 기술적 차원과 윤리적 차원 외에 지식의 신비적 차원이 있다고 말합니다. 지식의 기술적 차원이 합리적이고 축적 가능하다면, 윤리적 차원은 진보하지도 않는 비합리적이고 정체되어있는 모호한 차원(ambiguity)입니다. 리쾨르에 의하면, 그러나 지식에는 신성한 존재로부터 계시에 의하여 주어지는 신비적 차원이 있다는 것입니다. 그리스도, 십자가, 하나님의 법, 종말, 구속, 죄, 양자됨 그리고 기적과 심판과 새 하늘과 새 땅이라는 성경의 언급은 인간의 이성을 뛰어넘는 초합리적(超合理的) 차원의 존재를 가르쳐줍니다. 이는 인간의 이성이 미칠 수 없는 신비(mystery)의 차원이며 인간의 믿음과 순종을 요청하는 영역입니다.16

지식의 다양한 차원을 바라보면서 우리는 이성적 업적으로 교만하지도 않고 인간의 죄성으로 말미암아 절망하지도 않습니다. 우리는 리쾨르처럼 '비판과 확신'(critique and conviction)의 두 축을

---

16 Paul Ricoeur, *History and Truth* (Evanston: Northwestern Univ. Press, 1965), 82-97.

견지할 수 있습니다. 과학적 지식의 폭발적 증가와 주도권 속에서 과학이 성취한 것은 많습니다. 그러나 과학이 인류의 모든 문제를 해결한다고 생각하는 것은 자기최면이자 우상숭배입니다. 오히려 핵전쟁이라는 종말론적 파국의 위험을 안고 있는 우리는 지식의 비판을 필요로 합니다. 비판에 의하여 우리가 가진 합리적 지식과 우리 자신에 관한 인간학적인 지식의 부족함과 연약함을 돌아보아야 합니다.

히브리서는 21세기를 맞이한 지금 포스트모더니즘의 상대주의와 다원주의에 흔들리는 세상을 향하여 확신의 근거를 제시하는 적실성을 가진 말씀입니다. 영적으로 표류하는 세상 가운데서 히브리서의 중요한 공헌은 표류하지 않는 계시적 지식, 신비에 속한 지식이 존재하고 있다는 주장입니다. '주인을 잃은 머슴'처럼 방황하는 후기 현대 사회에 있어서 계시의 절정이자 우리 신앙의 원조이며 완성자인 예수 그리스도에게로 돌아가는 것은 유일한 길입니다. 그는 길이요 진리요 생명이기 때문입니다. 그는 우리의 믿음의 원조요 우리를 온전하게 하시는 분이십니다. 그는 유일한 소망이며 영원한 소망이자, 영적인 표류를 막는 '영원한 영혼의 닻'이 되신 분입니다. 그러므로 '비판과 확신', 이는 우리가 자신과 세상에 대하여 취하여야 할 기본적인 영적 태도입니다. 그리스도에게 속한 진리를 믿음으로 확신하고, 이 세상의 모든 철학과 신화와 초등학문에 속한 것을 비판함으로 우리는 영혼의 방랑을 비로소 멈출 수 있습니다.[17] 히브리서는 이러한 면에서 우리에게 확고한 가르침을 주는 책입니다. 우리는 상대적인 것과 유한한 것을 우리의 우상이나 숭배의 대상으로 삼지 말아야 합니다. 그 모든 피조물은 우리의 비판의 대상입니다. 다음은 히브리서가, 특히 히브리서 11-13장이 우리에게 주는 윤리적 권면의 요약입니다.

> 첫째로 많은 가르침 속에서 가장 탁월하고 유일한 진리인 "예수의 복음"을 붙드십시오.
>
> 둘째로 유대주의와 같은 유사 진리, 현대의 이데올로기에 유혹되지 마십시오.
>
> 셋째로 가장 탁월한 제사장이신 예수의 십자가와 그가 주시는 구원을 붙드십시오.
>
> 넷째로 믿음의 선진들과 믿음의 창시자이자 완성자인 예수님을 닮으십시오.
>
> 다섯째로 미래 영광에 대한 소망을 가지고 핍박과 고통을 인내하고 이기십시오.
>
> 여섯째로 사랑의 수고를 아끼지 말며 개인으로는 거룩하며, 공동체로는 하나를 이루십시오.

---

17 Ricoeur, *Critique and Conviction* (New York: Columbia Univ. Press: 1998). 프랑스 출신의 석학인 폴 리쾨르는 개신교적 확신 속에서 철학의 최고봉에 이른 현상학자, 해석학자, 실존주의자이자 신학자, 윤리학자이다. 그는 포스트모던 시대 속에서 비판과 확신의 변증법으로 신앙을 붙들면서 시대의 문제를 풀어가려 했던 대화의 신학자이다.

일곱째로 선교적 활동을 위하여 서로 기도하고 축복하며 도우십
시오.

참 고 문 헌

하나님의 아들 예수를 소개하다(히브리서 1-3장) _ 박일룡

하워드 마샬·스티븐 트래비스·이안 폴/박대영 역.『성경이해 2: 서신서와 요한계
시록』. 서울: 한국성서유니언, 2007.

Ellingworth, Paul. *The Epistle to the Hebrews: A Commentary on the Greek Text.*
NIGTC. Grand Rapids: Eerdmans, 1993.

Gundry, Robert H. *A Survey of the New Testament.* 4th ed. Grand Rapids:
Zondervan, 2003.

Guthrie, Donald. *New Testament Introduction.* Revised ed. Downers Grove;
IVP, 1990.

Hughes, Philip E. *A Commentary on the Epistle to the Hebrews. Grand Rapids:
Eerdmans,* 1977.

Maxell, M. L. *Doctrine and Parenesis in the Epistle to the Hebrews, with special
reference to pre-Christine Gnosticism.* Ph.D. dissertation. Yale 1953.

O'Brien, Peter T. *The Letter to the Hebrews.* The Pillar New Testament
Commentary. Grand Rapids: Eerdmans, 2010.

Robinson, D. W. B. "The Literary Structure of Hebrews 1:1-4." *Australian Journal
of Biblical Archaeology* 2 (1972): 278-286.

Smallwood, E. Mary. *The Jews Under Roman Rule: From Pompey to Diocletian.*
2d ed. Leiden: Brill, 1981.

Vanhoye, A. *Structure and Message of the Epistle to the Hebrews.* Rome: Potifical
Biblical Institute, 1989.

Wallace, D. B. *Greek Grammar beyond the Basics: An Exegetical Syntax of the
New Testament.* Grand Rapids: Zondervan, 1996.

'들어갈 안식'을 향한 여정과 '온전케 됨'(히브리서 4-6장) _ 신웅길

Dunn, James D. G. *Jesus Remembered.* Grand Rapids: Eerdmans, 2003.

Ellingworth, Paul. *The Epistle to the Hebrews.* NIGCT. Grand Rapids: Eerdmans, 1993.

Guthrie, Donald. *The Letter to the Hebrews.* TNTC. Leicester: Inter-Varsity Press, 1983.

Guthrie, George H. "Hebrews." Pages 919-95 in *Commentary on the New Testament Use of the Old Testament.* Edited by G. K. Beale and D. A. Carson. Grand Rapids: Baker Academic, 2007.

Lane, Wiliam L. *Hebrews 1-8.* WBC 47a. Dallas: Word, 1991.

Lindars, Barnabas. *The Theology of the Letter to the Hebrews.* Cambridge: Cambridge University Press, 1991.

Pomykala, Kenneth E. "Messianism." Pages 938-42 in *The Eerdmans Dictionary of Early Judaism.* Edited by John J. Collins and Daniel C. Harlow. Grand Rapids: Eerdmans, 2010.

대제사장과 희생제물로서의 그리스도(히브리서 7-10장) _ 이상명

이상명 외 9인. 『고엘, 교회에 말걸다: 공동체의 치유와 회복을 위한 성서적 모델』. 서울: 홍성사, 2017.

조재천. 『히브리서』. 서울: 홍성사, 2016.

Brown, Raymond. *The Message of Hebrews.* 김현회 역. 『히브리서 강해』. 서울: IVP, 2000.

Hagner, Donald A. *Encountering the Book of Hebrews.* 이창국 역. 『히브리서의 신학적 강해』. 서울: 크리스찬출판사, 2008.

Lane, William L. *World Biblical Commentary: Vol. 47A, Hebrews 1-8.* 채천석

역.『WBC 성경주석 47상: 히브리서 1-8』. 서울: 솔로몬, 2006.

_____. *World Biblical Commentary: Vol. 47B, Hebrews 9-13*. 채천석 역.
『WBC 성경주석 47하: 히브리서 9-13』. 서울: 솔로몬, 2007.

Lindars, Barnarbas. *The Theology of the Letter of the Hebrews*. 김진현, 이상웅
공역.『히브리서의 신학』. 서울: 솔로몬, 2002.

Long, Thomas G. *Interpretation: Hebrews*. 김운용 역.『현대성서주석: 히브리서』.
서울: 한국장로교출판사, 2006.

Michel, Otto. *International Biblical Commentary: Vol. 43, Der Brief an die
Hebräer*. 강원돈 역.『국제성서주석 43: 히브리서』. 서울: 한국신학연구소,
1988.

Osborne, Grant. *Life Application Bible Commentary: Hebrews*. 김진선 역.『LAB
주석 시리즈: 히브리서』. 서울: 성서유니온선교회, 2002.

Wright, Nicholas Tom. *Hebrews for Everyone*. 이철민 역.『모든 사람을 위한 히브
리서』. 서울: IVP, 2015.

배교의 시대를 거스르는 성도의 윤리(히브리서 11-13장) _ 민종기

양용의.『히브리서 어떻게 읽을 것인가』. 서울: 성서유니온, 2016.

이필찬.『히브리서』. 서울: 이레서원, 2004.

Lane, William. *Word Biblical Commentary Vol. 47B Hebrews 9-13*. Dallas:
Word Books Publisher, 1991. 채천석 역.『히브리서 9-13, 47하』. 서울:
솔로몬, 2007.

Middleton, Richard & Walsh, Brian. *Truth Is Stranger Than It Used To Be: Biblical
Faith In A Postmodern Age*. 김기현 · 신광은 역.『포스트모던 시대의 기독
교 세계관』. 서울: 살림, 2007.

Ricoeur, Paul. *Critique and Conviction*. New York: Columbia Univ. Press, 1998.
변광배 · 전종윤 역.『폴 리쾨르, 비판과 확신』. 서울: 그린비, 2013.

_____. *History and Truth*. Evanston: Northwestern Univ. Press, 1965.

Schreiner, Thomas. *Commentary on Hebrews: Biblical Theology for Christian Proclamation.* Nashville: B & H Publishing Group, 2015. 장호준 역. 『토머스 슈라이너 히브리서 주석』. 서울: 복있는사람, 2015.

Walzer, Michael. *In God's Shadow: Politics in the Hebrew Bible.* New Haven: Yale Univ. Press, 2012.

지은이 알림

민종기 박사

켈리포니아 소재 충현선교교회 담임목사(L.A., California). Azusa Pacific University 신학대학원에서 외래교수로 가르치고 있다. 새일세계선교회 이사장 및 미주복음방송 부이사장으로 사역했다. 한양대 정치외교학(B.A.), 서울대학원 정치학과(M.A.), University of Southern California 정치학 박사과정 중 Fuller Theological Seminary로 옮겨 석사와 윤리학 전공 조직신학 부전공으로 박사학위를(M.A., Ph.D.) 취득하였다. 주요 저서로는 *Sin and Politics*(Peter Lang), 『한국 정치신학과 정치윤리』(KIATS | 키아츠), 『목회세습, 하늘 법정에 세우라』(대장간)가 있으며, 공저로는 『고엘, 교회에 말 걸다』(홍성사), 『요한계시록, 하나님 백성의 승전가』(성서유니온), 『포스트코로나 시대와 교회의 미래』(동연) 등이 있다.

박일룡 박사

현 켈리포니아 소재 로뎀장로교회(Anaheim, CA) 담임목사. University of California, Los Angeles에서 역사학(B.A.)을, Westminster Seminary California에서 목회학(M.Div.)을 공부했다. 그 후 Fuller Theological Seminary에서 신약학으로 박사학위(Ph.D.)를 취득했다. 재미고신 총회신학교인 Evangelia University(Anaheim, CA)에서 가르쳤으며 인도에 선교사로 파송 받아 인도 장로교신학교(PTS India, Dehradun)에서 교수로 사역했다. 현재 미주GMP 이사와 Evangelia University의 이사로도 섬기고 있다. 주요 저서로 공저인 『요한계시록, 하나님 백성의 승전가』(성서유니온)가 있다.

신웅길 박사

캘리포니아 소재 Fuller Theological Seminary의 신약학 Affiliate Professor, 필라델피아 소재 Westminster Theological Seminary(M.Div.) 졸업 후 Fuller Theological Seminary에서 신약학으로 박사학위(Ph.D.)를 취득했다. 이후 Fuller Theological Seminary 한인목회학 박사과정(KDMIN) 부학과장을 역임했고, 현재 같은 학교의 KDMin/MAICS Program Manager와 한길교회 양육 목사를 겸임하고 있다. 주요 저서와 연구논문으로 *CEB Gospel Parallels* (Abingdon), "The Double Entendre of Paul's Trade as Σκηνοποιός (Acts 18:3)" (*Novum Testamentum*), "Integrated Stories and Israel's Contested Worship Space" (*New Testament Studies*), "Internarrativity and Ecce Homo" (*Journal for the Study of the New Testament*) 등이 있다.

이상명 박사

캘리포니아 소재 미주장로회신학대학교(Santa Fe Springs, California) 총장 겸 신약학 교수. 계명대학교와 장로회신학대학교를 졸업한 후 미국 Claremont Graduate University에서 신약학으로 박사학위(Ph.D.)를 취득했다. 통전적 이고 선교지향적 신학교육을 추구하는 한인 디아스포라 신학자이다. 학문적 관심은 기독교의 기원과 성서해석, 그레코-로마 콘텍스트에서의 바울 신학 사상의 해석과 상황화 신학에 있다. 주요 저서로 *The Cosmic Drama of Salvation: A Study of Paul's Undisputed Writings from Anthropological and Cosmological Perspectives* (WUNT II/276; Mohr Siebeck),『성서 인물에 게서 듣다: 구약』,『성서 인물에게서 듣다: 신약』(홍성사)과 공저인『고엘, 교회 에 말걸다』(홍성사),『참 스승 - 인물로 보는 한국 기독교교육사상』(새물결플 러스),『4차 산업혁명과 디아스포라 시대의 선교』(케노시스),『요한계시록, 하나님 백성의 승전가』(성서유니온),『이 책을 먹으라: 성경 낭송에 관한 신학 적, 목회적, 선교적 이해와 모델』(에스라 성경통독 사역원),『포스트코로나 시대와 교회의 미래』(동연) 등이 있다.

배교의 시대에 예수바라기, 히브리서

2021년 10월 30일 처음 펴냄

지은이 | 민종기 박일룡 신웅길 이상명
엮은이 | 미주장로회신학대학교
펴낸이 | 김영호
편   집 | 김구 박연숙 정인영 김율 디자인 | 황경실
펴낸곳 | 도서출판 동연
등   록 | 제1-1383호(1992. 6. 12)
주   소 | 서울시 마포구 월드컵로 163-3
전   화 | (02)335-2630
전   송 | (02)335-2640
이메일 | yh4321@gmail.com
블로그 | https://blog.naver.com/dong-yeon-press

ISBN 978-89-6447-698-7 03230